家长焦虑治愈锦囊

教育理想说
用视频传播科学家教理念

张莺 舒玲玲 ◎ 编著

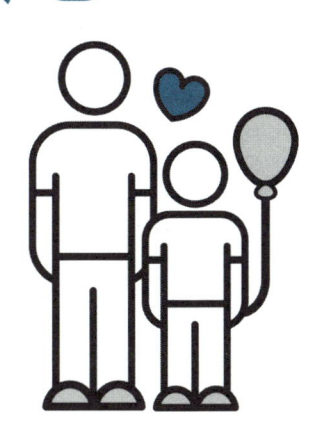

华东师范大学出版社
·上海·

图书在版编目（CIP）数据

家长焦虑治愈锦囊 / 张莺, 舒玲玲编著. -- 上海：华东师范大学出版社, 2023
ISBN 978-7-5760-4523-9

Ⅰ. ①家… Ⅱ. ①张… ②舒… Ⅲ. ①亲子关系－家庭教育 Ⅳ. ①G78

中国国家版本馆CIP数据核字(2023)第229254号

家长焦虑治愈锦囊

编著 / 张莺 舒玲玲
责任编辑 / 吴余
审读编辑 / 南艳丹 吕珺
责任校对 / 刘伟敏

出版发行 / 华东师范大学出版社
社址 / 上海市中山北路3663号
邮编 / 200062
网址 / www.ecnupress.com.cn
电话 / 021-60821666
行政传真 / 021-62572105
客服电话 / 021-62865537
门市（邮购）电话 / 021-62869887
地址 / 上海市中山北路3663号华东师范大学校内先锋路口
网店 / http://hdsdcbs.tmall.com

印刷者 / 浙江临安曙光印务有限公司
开本 / 890毫米×1240毫米 32开
印张 / 8.25
版次 / 2023年12月第1版
印次 / 2024年6月第3次
书号 / ISBN 978-7-5760-4523-9
定价 / 42.00元

出版人 / 王焰

（如发现本版图书有印订质量问题，请寄回本社客服中心调换或电话021-62865537联系）

代序

家庭教育观念的新启蒙

作为一名从业多年的教育工作者，我深知家庭教育对于孩子的成长和发展起着至关重要的作用。家庭是孩子们最初接触和了解世界的地方，也是孩子们性格和态度形成的重要环境。家庭教育对孩子的重要性不言而喻。

我们应该清楚地认识到，家庭教育的发展方向并不是把家庭变成学校，而是让家庭更像家庭。这意味着，家长们不应该把自己当成严厉的老师，而是要理性地爱自己的孩子，用平等和尊重的态度与孩子们相处。

同时，我们也应该认识到，家庭教育、学校教育和社会教育三者之间应该相互配合和支持，才能够共同完成教育的使命。在这个过程中，家庭教育是教育的基础和长期性保障，学校教育是制度化的主导形式，社会教育则是家庭教育和学校教育的延伸和发展。

当下，中国家长面临着空前的焦虑，焦虑因何而来？在我看来，不外乎四大原因：第一是因为"无知"，不了解孩子成长的规律。孩子的成长是有不同敏感期的，比如小宝宝刚出生的时候，总吮手，是因为孩子最开始就是用嘴巴认识世界的，1岁多开始，什么东西都往地上扔，是因为好奇。孩子通过这些方式认识新的事物，而不是家长口中的"坏毛病"。当孩子出现所谓的"问题行为"，哭闹、发脾气，甚至动手打人的时候，我们不知道孩子的语言表达和逻辑思维是在6岁以后才发展出来的，当孩子有了情绪，只能用这些负面的行为来表达，这是孩子向父母发出的求救信号。

第二是因为社会评判标准和"别人家的孩子"带来的压力。我们的社会要求孩子是活泼大方的、外向的和适应速度快的，如果我们的孩子恰好是胆小慢热的、内向的和适应速度慢的，家长的焦虑就来了。我们需要了解的是每个孩子都有自己的先天气质，我们要了解我们的孩子，因材施教，顺应孩子的天性，而不是要求孩子放弃真实的自己，就为了迎合家长和社会的需要。

第三是将自己童年未满足的期待转嫁到了孩子身上。很多时候，我们童年的成长经历会给我们养育孩子造成很大的影响，比如有些家长自己很喜欢画画但小时候没机会学，就特别希望自己的孩子去学。孩子有自己的喜好，我们既要引导，更要尊重他的选择，而不是把自己的期待强加给孩子。

第四是面对网络上各种育儿信息，缺乏甄别判断能力。如今网络信息丰富，全球各地的各种育儿理念都传播到了中国，海量育儿文章迅速传播，家长遇到养育问题时在网上一搜，能找到好几种建议，各种建议甚至有些相悖的说法，作为普通家长，不知道如何选择。很多家长对很多概念一知半解，在应对孩子"挑战"的时候，说也不是，不说也不是。旧模式被打破，新模式尚未形成，家长往往非常纠结，他们的处理方式也会反反复复。家长焦虑，孩子更焦虑。

这本书就以家庭教育为主题，直面家长的各种焦虑，集结了众多名师、名校长，他们不仅治校有方，更在家庭教育领域颇有研究和建树。通过《浙江教育报》这样一个专业的新媒体平台，针对家庭教育中的痛点难点、家长们共同的焦虑点，答疑释惑，为家长提供真正科学的家庭教育理念和方法，以及对孩子成长的合理期待和适合的成才道路规划，这样的家庭教育启蒙是弥足珍贵的。

家长好好学习，孩子天天向上。希望家长们能够认真阅读这本专业的优质书籍，掌握科学的家庭教育理念和方法，并将之运用到日常生活中。我们衷心期待，家长能在这本书的指引下，在孩子成长的每一个阶段，给予孩子们合适的指导和支持，陪伴孩子健康、快乐地成长。

中国教育学会副会长 浙江省教育学会会长
浙江省教育厅原副厅长

韩平

第一章 致0—6岁孩子的家长

- 3 童心去哪儿啦？
  让儿童回来吧！

- 8 给孩子"留白"了吗？
  儿童有主见，从给予选择权开始

- 13 孩子不好好吃饭是为什么？
  千万别小看吃饭这件小事！

- 18 和孩子一起玩有哪些学问？
  游戏对儿童一生太重要了

- 23 孩子都是自私的吗？
  理解儿童是一切教育的起点

- 30 幼儿园不设保育员，可不可以？
  向生活学习是一种最高级的学习

- 37 少爷、小姐脾气是怎么来的？
  要掌握表扬和批评的艺术

- 42 孩子还小就不用立规矩？
  "熊孩子"可不是一天养成的

- 49 孩子经常哭闹是怎么回事？
  学会读懂你的孩子

- 56 孩子为什么越长大越没有问题？
  儿童是天生的科学家

- 64 小胖墩、小"四眼"怎么越来越多？
  没有不适合的运动，只有不合适的装备

69 孩子被"养坏"多在6岁前?
0—6岁的家庭教育是拐点

75 孩子没记忆,教育有什么用?
6岁前,养育孩子的3个重点

82 要上小学了,孩子啥也不会咋办?
幼小衔接不是知识衔接

87 不断犯错就是孩子的问题吗?
不能让犯错止于批评

92 如何培养人见人爱的高情商孩子?
情商要在6岁前奠基

98 "熊孩子"背后一定有位"熊家长"?
模仿是孩子社会学习的主要途径

103 对数的初步概念是怎么形成的?
数学启蒙不等于学前奥数训练

109 怎么说,孩子才会听?
追求有质量的亲子沟通

第二章 致小学生的家长

116 读书重要还是思考重要?
每个孩子都是哲学家

121 孩子怎么不做梦了?
家长要关注孩子的精神成长

127 怎么帮孩子树立正确的"三观"?
很多教育是在饭桌上完成的

132 什么是真正的好学校?
最好的学区房是你家书房

137 只有在课堂上才能学到知识吗?
用你的优秀和善良来陪伴孩子

143 做不出奥数题就是无能吗?
不要把精力浪费在补短上

148 取笑孩子幼稚的你,成熟吗?
人的认知与判断取决于知识结构

152 机械重复地学习,孩子不喜欢怎么办?
让"累"变得有意义,让"忙"变得有趣味

157 何必非得考满分?
人生是无所谓"起跑线"的

163 排名依赖几时休?
家庭教育是出类拔萃的教育

168 真的有人能赢一辈子吗?
心善良、行努力的人,运气不会太差

175 不分场合的批评惩戒有什么不妥?
保护自尊心是教育的起点

180 你眼里的"没用"是真的没用吗?
发现孩子特长,关键在于坚持

186 静待就一定能花开吗?
孩子的时间是个常量,要"做待花开"

191 "双减"后,家长如何带娃?
家长应多参与到学校的育人活动中

196 是育人？还是消费？
家长的需求不能代替孩子的需求

202 花了钱就尽到责了吗？
从"双减"到"五育"，家长的责任是增加的

208 该躺平还是该奔跑？
"吃饱""吃好"更重要

213 不"放养"，孩子会爱上劳动吗？
让孩子在感受自然中亲近自然

218 包办代替是爱还是害？
家长越"能干"，孩子可能越"无能"

223 如何度过闲暇时光？
自律从家庭作息时间表做起

228 孩子在成长，家长进步了吗？
家长不能只管生，不想养，更不想育

233 孩子小就可以不管吗？
要尊重孩子的天性，但不止于天性

238 "发呆的孩子"怎么不见了？
你的闲暇时光里有孩子努力的方向

244 劳动只是动手制作、弯腰干活吗？
劳动是一种综合的育人

251 **后记**

第一章　致0—6岁孩子的家长

你的孩子，并不是你的孩子

你的孩子，并不是你的孩子，

他们是生命对于自身渴望而诞生的孩子。

他们借助你来到这个世界，

却并非因你而来，

他们陪伴你，却并不属于你。

你可以给予他们爱，

却不能给予他们思想，

因为他们有自己的思想。

你可以庇护他们的身体，

却不能庇护他们的灵魂，

因为他们的灵魂属于明天，

属于你在梦境中也无法达到的明天。

——纪伯伦（节选）

童心去哪儿啦？
让儿童回来吧！

访谈嘉宾： 杭州市西湖区教育局党委书记、局长（原杭州市学军小学校长）汪培新

> 刚进入小学的一年级新生，课余时间，他们在玩些什么？
>
> 在校园里溜达了几圈，我发现，下课铃响后，大部分孩子还是固守在自己的位置上，没见几个孩子伴着铃声第一时间冲出教室，追逐嬉戏。现在的孩子怎么连玩都不会了？童心去哪儿啦？
>
> 家长带着孩子来学校的第一天，大致是互相比着：谁家的孩子认了多少字，会多少以内的加减法，能背诵多少首唐诗，钢琴已经考出几级，英语口语说得有多溜，画的画又拿了什么奖……
>
> 没有一个家长来和我"炫耀"说，孩子发明了多少种玩泥巴、搭积木的方法，更没有哪个家长神采飞扬地和我说，我的孩子字不认识几个，但他认识世界上所有的车牌，还有，他自行车骑得贼溜了！

卢梭说："大自然希望儿童在成人以前就要像儿童的样子。"儿童是游戏者、探索者；儿童是艺术家、思想家；儿童是可能性……我们的儿童教育不是本该如此浪漫吗？

"一切为了孩子""赢在起跑线上""这么做是为你好"……在成人种种所谓的美好愿望下，很多学龄前儿童被迫学习大量特长，在成人的选择和帮助下进行长时间的机械练习。或者为了考取优秀的学校而参加各种兴趣班，几乎所有的业余时间都在被动学习。

家长希望自己的理想能够在孩子身上得到延续和实现，于是把自己思考问题的方法与习惯灌输给孩子，用成人或者更高学段的标准来要求孩子，并不断拔高要求。渐渐地，儿童按照成人的设计被"精雕细琢"成一个个"小大人"。家长们甚至以此为荣，并津津乐道。

成人的强势和无知，让童心正在逐渐远离本该天真无邪的童年。

保卫和呵护儿童珍贵的童心，让进入小学的每一个儿童都回到原来的儿童模样，让儿童成为儿童——这是我作为一个小学校长的使命，也是我当初最想和孩子家长们说的一句话。

当今的儿童真正面临着"失去童年"的危机，维护儿童"成长的权利"，保证他们"好奇、探索、发现的权利""在自由的时间、空间里成长的权利"和"欢乐的权利"比什么都重要。

科学证明，大脑前额叶是负责大部分社会功能和认知功能的脑区，前额叶一般约在 7 岁时才达到成熟水平。过早对学龄前儿童开展背诵、计算等机械式训练，可能会对儿童大脑产生伤害。

对于 0—6 岁的儿童来说，家长需要配合完成的主要是习惯的养成，而不是提前掌握学科知识。

所以，我认为科学的早期教育应该包括以下这些方面的内容：

首先，孩子能以健康的心态、愉悦的情绪、合作的精神参与到将来的社会生活中去，并拥有一定的动手能力和良好的语言表达能力。这比孩子当下能认几个字、会多少以内的加减法这些所谓优秀的表现更重要。早期教育的根本目的在于：**为孩子的终身可持续发展奠定基础**。早期教育也应该关注如何发展孩子基本的生存能力，即吃、喝、拉、撒、睡、穿、梳、戴、抹、卫生、劳动、整理共12个方面，缺一不可。

其次，我们要帮助孩子养成良好的生活习惯。一个孩子在幼儿期养成的生活习惯，一定会在他上学之后向学习习惯迁移。也就是说，如果孩子在儿童时期的生活习惯不良，可能会影响他将来的学习习惯。现在有一种本末倒置的倾向，为了给孩子以后的学习打下良好的基础，家长们乐此不疲地给孩子报读各类注意力培训班、习惯养成班、语言训练班等，各种形式的幼小衔接班也往往被异化为小学知识学习班。周末和节假日，家长孩子奔波在求学路上，孩子不能好好吃饭、好好睡觉，正常的家庭生活被打乱，好的生活习惯建立不起来，上再多的习惯培训班都难以补救。

第三，要帮助孩子建立自尊和自信。美国心理学家埃里克森关于社会心理学的研究告诉我们，人的一生在每个不同的时期都有一对矛盾。而对4—6岁的儿童来说，这对矛盾是主动和内疚之间的矛盾。如果孩子各方面发展得好，他就会主动积极地去参与活动；发展得不好，他就会内疚退缩，对任何事物都采取规避的态度。在这段关键时期，家长不要总以成人的眼光和要求去苛责看起来总是慢半拍的儿童，要给予孩子足够的耐心、时间和鼓励。

第四，学会与人合作、和谐相处。现在很多家长都是独生子女，两个独生子女在一起，又生下一个独生子女，孩子在家里没有同伴相处，没有这种经验的积累，难免会缺失很多东西。因此，让孩子学会如何跟同伴相处，是家长送孩子去上幼儿园的一个很重要的原因。在幼儿园里，孩子慢慢地学会过集体生活，学会如何与人交往。家长也要尽可能多地创造机会，比如，几户家庭共同组织旅行等，给孩子多一些和别的同龄人一起相处和玩耍的时间。

比起玩具，孩子的童年更需要的是"玩伴"。但很多家长持有一种错误的观念，认为孩子的智力与玩具的多少有关。于是，他们要么给孩子买很多很昂贵的玩具，要么干脆用玩具代替家长的陪伴。其实，孩子的成长，最需要的可能不是玩具，而是玩伴，有玩伴比什么都好。

如果家长能做孩子的玩伴，胜过给孩子买数不清的高级玩具。

说给家长听的真心话：

锦囊1：不要相信"赢在起跑线"

1. 孩子来到小学的第一天，在学科知识方面，老师更乐意看到的是"一张白纸"。
2. 0—6岁的孩子，最好的学习方式是"玩中学"，与其让孩子奔波在前往各个兴趣班的路上，不如陪伴孩子一起好好玩。
3. 不要让儿童成人化。相反，我们更倡导成人在陪伴孩子的过程中儿童化，用一颗童心和孩子共成长。
4. 不要相信"赢在起跑线"的说法，成功的人不是赢在起点，而是赢在转折点。
5. 让孩子对未来小学学习保持新鲜感的最优途径，是不抢跑、零起点。

教育理想说

给孩子"留白"了吗？
儿童有主见，从给予选择权开始

访谈嘉宾： 杭州云谷幼儿园总园长 蔡伟玲

> 孩子的闲暇时间是不是基本上被家长们安排得明明白白，妥妥当当的？一个兴趣班接着一个兴趣班，流程紧凑、滴水不漏，真正属于孩子自己的时间，或者说留给孩子自主安排、自由玩耍的时间少得可怜。家长是不是时常抱怨孩子缺乏自觉性？是不是觉得孩子很幼稚？他们的想法不值一提？是不是一边责备孩子没有主见，一边却为他们包办所有的事情？身为家长，我们需要自问的是：我们给孩子的成长时空"留白"了吗？我们给孩子足够的自主选择权了吗？

"今天，老师的课上可以随便玩，小朋友们想怎么玩就怎么玩，爱和谁玩就和谁玩，想玩什么就玩什么。但是，大家注意千万要让老师能看见你在哪儿。"当时我还是杭州市安吉路幼儿园的园长，我和我的教师团队想做一个关于自主游戏观察的课题研究，于是就有了这样一次课堂实验。

万万没想到，我的开场白结束后，并没有出现想象中的一片欢呼雀跃，迎接我的却是一阵长时间的沉默。孩子们一个个一动不动地坐在座位上，怯怯地看着我，欲言又止。

不知道过了几分钟，才有一个小男孩走到我身边，低声问："园长妈妈……我真的，真的可以想玩什么就玩什么吗？

那……"他顿了顿，似乎是鼓足了勇气，咽了下口水接着问道："我可以去外面玩泥巴吗？"

"当然可以！""那……我要是不小心在泥地里摔了，弄脏了衣服，你可以不告诉我的妈妈吗？"小男孩继续试探着问。"没问题啊！衣服脏了，园长妈妈帮你洗。"我的回应给了孩子信心，他一下子跳起来，一边叫着"好呀"，一边麻溜地跑到了教室外面。

受到了同伴的鼓舞，教室里终于欢腾起来，孩子们有的趴在地上玩起了汽车，有的三五成群在扮"过家家"，教室里的各种玩具被一抢而空，教室外到处是撒欢嬉戏的孩子。

一节课很快过去了。快结束时，那个玩泥巴的小男孩第一个冲回教室，给了我一个很长很久的拥抱。他在我耳边轻轻地说："谢谢园长妈妈！你没有骗我，你真的让我想玩什么就玩什么，想怎么玩就怎么玩，今天真是开心的一天啊！"

那一刻，我再也没忍住，泪水夺眶而出："我只是做了一件微不足道的、满足孩子天性的事，却得到了如此热烈的回应！"

平时想怎么玩就怎么玩这件事，对于这么小的孩子来说，竟是如此稀缺而珍贵。

很多年过去了，我仍然会时不时想起当时的情景。家长们总是以自己的标准去安排和设计孩子的一切，当有一天，孩子突然需要进行自主安排和选择时，他们该怎么办？

许多家长可能会问，六岁都不到的孩子懂什么自主安排呢？要让他们自己安排，那无非就是瞎玩、看电视、玩电子游戏，家长不给他们安排一些有意义有价值的活动，能行吗？于是，在家长们所谓"科学""合理"的安排下，孩子上了理想的小学、考上了重点中学，最后考上了重点大学。

家长的规划似乎很成功，有一天，孩子终于踏进了好大学的校门，并进到了家长认为的好专业。可是，大学生活才刚刚开始，家长也远在天边，突然多出了大把需要自己安排的时间，突然要独自面对各种选择，这对从来都是在被安排中长大的孩子来说，无疑是个巨大的难题。

于是，有的孩子开始报复性地通宵玩游戏，因为小时候他们想玩却没能玩够；有的孩子迷茫了，满足了父母的期待，达成了父母预设的目标，后面的人生该何去何从？

"妈宝"们焦虑了，没有了妈妈的指令，人生的回车键在哪里？

国内知名精神科医生、心理学博士徐凯文教授曾做过这样一组统计，在某大学一年级新生（包括本科生和研究生）中，有30.4%的学生厌恶学习，或者认为学习没有意义；有40.4%的学生认为人生没有意义。

这组数据令人震惊。徐凯文教授也因此提出了"空心病"

的观点，认为这是一种"价值观缺陷所致心理障碍"——即明明是非常优秀的年轻人，成长过程中没有明显的创伤，生活和个人条件优越，但他们的内心却无比空洞、迷茫、压抑。

家长感到困惑，这些"空心"的年轻人为什么总在思考人生的意义？他们吃得好、穿得好，纠结什么人生意义？

在家长眼里，这些孩子无非是庸人自扰，是"吃饱了撑的"。这些家长自己拥有非常明确的人生意义：一定要让孩子有好工作、好生活、出人头地，再建立美好的家庭。但他们的人生意义与当下的社会环境、孩子的真实想法发生了巨大冲突。现在的青少年更加在意的是精神需求，他们希望得到父母的情感关注、支持和理解，希望自己的想法得到尊重，更希望能进入喜欢的领域，实现自己的人生价值。

如果家长在孩子小时候就开始将自己的人生意义强加给他们，或者不懂得引导孩子建立积极的三观，孩子就很容易会陷入空练就了一身本领，却不知路在何方的困境。

因此，在早期教育阶段，家庭教育就要在"扶"与"放"上面做文章。孩子的成长如爬山，人生的路要让孩子自己走。家长在旁边指引道路，这是宏观上的"扶"；孩子走路摔了，我们帮助他重新站起来，这是微观上的"扶"。

"扶"的目的是"放"，如果家长怕孩子辛苦，一路抱着他走到山顶，即使走得再快，又有什么意义？

教育
理想
说

说给家长听的真心话：

锦囊 2：会选择，是一种从小培养的能力

1. 你当下觉得有意义的事，可能在未来毫无价值。人生就是选择的艺术，敢不敢选择是一种自信与胆略，能不能选择，是一种能力，需要从小培养。

2. 日常生活中尽量多给孩子自主选择的机会，可以提出几个方案，供孩子选择。哪怕只有一个方案，只要能让孩子自己做决定，也就是选择。顺应孩子的天性不难，难的是放下你的控制欲和成人的标准。

3. 不要过于追求那些看得见的东西，比如证书、成绩、荣誉，真正影响孩子一生的是那些看不见的东西，比如自主、独立、自律等品质的培养。

孩子不好好吃饭是为什么？
千万别小看吃饭这件小事！

访谈嘉宾： 杭州市人民政府机关幼儿园集团总督学、正高级教师 冯伟群

> 很多家长带孩子上幼儿园的第一件事，就是和我说："唉！我的孩子还小，不会自己吃饭，也不愿意自己吃饭。保育阿姨、老师们到时能不能帮忙喂一下饭。孩子这么小，可不能让他饿着，影响了发育怎么办？"我更想问家长的是，是什么造成了孩子不好好吃饭呢？

孩子为什么不愿意自己吃饭，为什么一定要人喂才会吃？在我看来，原因可能有两方面，一方面是这个孩子的生理发育还不到位，比如说他的咀嚼功能没发展好，食管比较狭窄，吞咽困难等，这些都可能会导致孩子吃饭慢。但是绝大部分的情况，其实是因为孩子懒！孩子的懒是家长造成的，是家长过度包办代替造成的。

懒得吃饭、过度依赖的缺点以后还会迁移到别的地方，比如懒得运动、懒得动脑、懒得自学等。

一般来说，孩子1—2岁这个阶段，是行为发展的迅速期。这个时期的孩子有个很显著的特点，就是非常喜欢摆弄各种东西。他们会非常喜欢自己吃饭，自己拿着勺子舀一口饭并送进嘴巴，会给孩子带来很大的成就感。

但是这个年龄段的孩子，手眼脑协调能力往往还没发展成熟，用勺子舀一口饭之后，一般不能很准确地送进自己的嘴巴。有可能饭会洒在地上，有可能菜汤会洒出来把身上的衣服弄脏，也有可能吃着吃着，手和脸都沾满了饭粒和各种汤汁。这个时候家长就看不过去了：吃个饭弄得满地狼藉！天气冷的时候，要是等到孩子自己吃完，可能饭菜都凉了。

尤其是在一些隔代教育的家庭里，爷爷奶奶、外公外婆总是急着喂孩子吃饭，因为大人的心急和包办，孩子错失了养成好好吃饭这个习惯的最佳时机。

记得在我儿子小的时候，他姨妈也是一米就给他喂饭。她的观点就是：这么小的孩子要宠，长大了他自然就会吃饭了。在她看来，不喂孩子吃饭就是不疼爱孩子的一种表现。这种观点很有代表性，但是真的不正确！

1—2岁这个年龄段的儿童，他们通过吃饭这件事情，除了掌握"自己吃"的能力外，还发展起来了其他非常多的能力，比如一个很关键的能力就是手眼脑的协调，这对儿童脑部的发育有着重要作用。

家长朋友们可以试着回忆一下，你的孩子在一岁多的时候是怎么吃饭的？是不是拿着勺子，可能一下戳在脸上、一下戳在鼻子上，总是不能准确地放进嘴巴？但是，独立吃了一两个月之后，你会发现他们慢慢就能够很准确地把饭勺送到嘴巴里。这说明什么？说明他们的手眼脑协调了，手指的小肌肉发展了，脑部也在发育。

此外，1—2岁也是儿童语言发展的关键期。但有的家长认为说话是迟早的事，2岁之前不会说话也很正常。孩子想要什么东西，不用开口，只要用手指一指，家长就赶紧拿给他。既然孩子完全用不着说话就已经能满足自己的任何要求，又怎么会愿意开口说话呢？但长此以往，这样的做法很有可能会阻碍儿童今后的表达和创造能力的发展。

在孩子想尝试自己吃饭的时候鼓励他们，在孩子想说话的时候多给他们表达的机会，孩子愿不愿意说比说得好不好更重要。

这些看起来都是生活中的小事，但背后都蕴含着很大的早期教育的学问。

其实，在幼儿期，大多数孩子都希望能自主决定自己的事，"我自己来""自己做"是孩子经常会说的一句话。吃饭、穿衣、拖地，什么事情孩子都想尝试，什么事情他们都想自己独立完成。

这时候，家长千万不要以弄脏衣服、速度慢、效率低等理由阻止孩子，否则就是在阻止孩子独立性的成长。

做力所能及的事，这是孩子应具备的基本责任心。家长可以让孩子吃饭后自己将饭碗放到洗碗池；吃饭时饭粒掉地上，要求他们自己捡起来。部分孩子有睡觉前洗脚的习惯，家长也可试着放手让他们自己打水，如果洗脚水洒一地，就让他们自己拖地，不管拖得是否干净，一律表扬。这样，孩子就会更爱独立做事情。

家长的溺爱包办，再加上因为缺乏了解而导致使用不正确的早教方法，往往可能会使家长错过帮助儿童自我发展的关键期。后期再想弥补，可能需要付出更多的时间和精力。

说给家长听的真心话：

锦囊 3：习惯养成的最佳场所在家庭

1. 家长可以学一点儿童发展心理学，掌握一点 0—6 岁的早教知识，能够顺势而为地对孩子的行为加以引导和帮助，就是好家长。
2. 放手让孩子自己吃饭、引导孩子说话，在这些生活小事上倾注一些耐心，是一种陪伴成长的好方式。
3. 习惯养成的最佳场所就在家庭，最佳培养者就是家长，没必要花大把的钱送孩子去上各种注意力兴趣班、思维训练营等，免费的家庭教育才是宝。
4. 耐心倾听孩子的需求，耐心对待孩子可能表现出来的笨拙和迟缓。切忌因为着急而代替孩子做事，只有家长放了手，孩子才会好好动手。今天你足够耐心，将来孩子可能更为优秀。

教育理想说

和孩子一起玩有哪些学问？

游戏对儿童一生太重要了

访谈嘉宾： 浙江师范大学幼教集团总园长、正高级教师 胡瑛

> 我经常对我们幼儿园里孩子的父亲们说：你得做孩子人生中的第一个大"玩伴"。为什么？因为爸爸喜欢用身体运动的方式和孩子玩，比如骑大马、举高高等，给孩子以强烈的大幅度的身体刺激，从而促进孩子的身体发育。我也常常鼓励我们的家长，幼儿期就要多参与到孩子的游戏当中，成为孩子的玩伴。

游戏可以培养儿童的许多技能，比如动作技能、社会交往技能、问题解决技能等，还有助于儿童社会适应能力的发展。

游戏教学是学前教育的主要教学手段，也应该成为家庭早期教育的主要内容。

家长要明白，游戏不是学习的敌人，它是学习的伙伴，是大脑成长的营养剂。脑科学家研究表明：儿童游戏时，会产生一种特殊的物质，能促进神经细胞长出新的分支。

玩游戏能培养儿童的智力。弹钢琴能培养智力，跳绳、爬树能培养智力，玩泥巴、打水仗也能培养智力。选择什么方式培养，取决于游戏时孩子们的兴奋点在哪里。

会玩的孩子更会创造。游戏时，孩子独自一个人也玩得

不亦乐乎：把桌椅翻转过来当成火车，拿张纸放进浴缸当成轮船……如果有个玩伴，他们更会表现出非同一般的想象力。家长不一定要弄懂孩子到底在玩什么，游戏是儿童的基本需要，只要是安全的、文明的，家长都应该给予支持。

游戏里蕴藏着丰富的教育资源，家长应积极参与孩子的游戏，并听从孩子的指挥。

如果家长希望能主导游戏，或者随意呵斥孩子的不当指挥，孩子可能会不再喜欢与家长一起玩。

在儿童不同的年龄阶段，他们的身体、认知和社会性发展水平都不一样，在游戏方面也体现出不同的特点和需要。

一般0—18个月的婴儿对触摸、声音、运动和明亮的颜色等都感兴趣，并能做出反应。这个年龄段的孩子需要同亲近的人一起玩耍，需要有人与他们交流，并对他们的需求做出及时的反馈。在感官刺激方面，他们的世界里需要音乐、歌唱、运动，需要可以触摸、抓握、放进嘴里的物体，需要可以安全爬行、探索的空间，以及站立时的支撑点等。

1—3岁的孩子开始大范围地探索周边的环境。他们喜欢水、沙子和泥，还喜欢利用想象进行各种创造。这个年龄段的孩子需要有沙坑、水、塑料玩具，还有建构性的玩具，如积木、橡皮泥、手指画等，以及互动类的故事书和图画书。性别不同，他们对玩具的喜好也有区别，比如男孩更倾向于小汽车、小飞机、小球等具有动感的玩具，而女孩子更喜欢布娃娃等柔软的玩具。虽然男女有别，但是积木这类有利于建构孩子空间意识的玩具，还是建议家长多在家中摆放一些，并与孩子一起动手搭建。这对孩子想象力和创造力的培养是十分有益的。

有的家长会在孩子2岁左右，尝试教他们用火柴摆数字。先摆个位数，再摆多位数。如果火柴太细，也可以将筷子锯成小段，代替火柴。摆数字的过程里包含动手的训练，手是人的第二大脑，动手使人变聪明。

3—6岁的孩子的游戏水平会达到一个更高的层次。这个阶段的孩子已经有了交友意识，他们在与其他小朋友游戏的过程中学习分享、合作等行为。因此，孩子需要多参与一些探索类、装扮类和体育类的游戏，比如观察动植物、角色扮演（"过家家"）、学习踩儿童脚踏车、玩球类运动、游泳戏水等。家长要在确保安全的前提下，尽可能多地让孩子参与到这些游戏中。

3—6岁的孩子还会经历各种各样的敏感期，例如动作的敏感期、秩序的敏感期、声音的敏感期等，这些都会让孩子对身边的事产生浓厚的兴趣，因此这个阶段也是在游戏中让学习自然发生的最好时机。比如，孩子喜欢漂亮的珠子，家长可以将断了线的珠子放在小盘里，加入一根绳子，让孩子练习"串"的动作。也许在"串"的过程中，会出现珠子太多，或者绳子不够的情况，那就可以引导孩子进行材料的筛选，以及数量的控制。也可以鼓励孩子练习从左到右的串珠方法，等孩子掌握后，再加入两种颜色，按 ABABAB 的顺序进行练习，以后不断增加串珠的难度。在练习串珠的游戏中，提高了孩子操作的兴趣，同时也锻炼了孩子的秩序感、专注力以及手眼协调的能力。

这一时期的孩子正在形成对自我的认知，处于区分想象与现实的阶段。

他们的思维发展正从具体的形象思维过渡到抽象的表象思维。这个时期的孩子会把头脑中想象的伙伴再现到实际游戏中，这些伙伴可能是之前和他们一起玩耍过的朋友，也可能是某个动画片中的人物，还可能是一个虚拟的、固定不变的同伴。

因此，处在这个阶段的孩子常常会出现这样的情景：孩子搬出家里所有的玩具，一个人自言自语，一边说一边玩，玩得有滋有味。这是他们在和想象出来的游戏伙伴一起玩。这时，家长要给予孩子充分的鼓励，也可以加入到孩子游戏的队伍中，并让孩子来分配角色。千万不要以为孩子出了什么心理问题，开口贬低，甚至出面阻止。

说给家长听的真心话：

锦囊 4：交还游戏自主权

1. 将游戏的自主权交给孩子。让孩子能有时间玩、自由地玩，这是很重要的。

2. 参与孩子的游戏，听从孩子指挥。孩子在玩的时候，父母不要自顾自玩手机，可以加入其中，由孩子分配游戏角色，或者通过观察孩子的游戏行为，了解孩子的喜好。

3. 注意玩具的多种玩法。孩子对世界有自己的感知和认知，其中一部分是通过与玩具的互动获得的。大人要摒弃一些成人的观念，让孩子自由发挥。

4. 鼓励孩子多与同龄人一起游戏。与同伴游戏时发生的互动、协商、合作甚至是小冲突，都有利于孩子社会经验的积累。父母要多为孩子创设开展同伴游戏的环境和条件。比如，双休节假日，多鼓励孩子邀请同伴一起游戏，去哪儿、玩什么都由孩子们商量决定。

5. 对生活和娱乐持积极的态度。比起为孩子提供玩具、时间和空间，家长自身保持良好健康的生活习惯和娱乐习惯也很重要。家长就是孩子的一面镜子，闲暇时间热衷于户外运动的家长，他们的孩子以后也很难会沉迷于网络游戏。

孩子都是自私的吗？
理解儿童是一切教育的起点

访谈嘉宾： 杭州市人民政府机关幼儿园集团总督学、正高级教师 冯伟群
原杭州市教育局副局长、杭州心向阳家长学校校长 蒋莉

> 3岁左右，刚进入幼儿园小班，孩子经常会出现这种情况：一会儿向老师投诉被同伴欺负了，一会儿又说同伴把他们的玩具抢了。我也常听一些家长抱怨，三岁左右的孩子似乎都比较自我，有着很强的占有欲。看到好东西，不管是吃的还是玩的，手里抓得紧紧的，嘴里还喊着"这是我的，那也是我的""这个我要，那个我也要"。喜爱的玩具和零食从来不知道分享，这些表现都是因为孩子太自私了吗？
>
> 当然不是。3岁左右是儿童自我意识成长的敏感期，这些表现显然是处于这个阶段的孩子所特有的，如果家长以成人的评价标准去质疑或者斥责孩子，伤害的可能是儿童的自尊。

0—6岁幼儿眼中的世界，和成人眼中的世界很不一样。原因可想而知，幼儿个子矮小、身体单薄，所以在他们眼里，家里的桌子很高很高，沙发很大很大，外面的路很长很长。成人视角里很正常的物件，对幼儿来说可能是奇丑无比的怪物。

有位记者朋友曾经和我说过这样一件事：朋友送给她一大盆漂亮的蝴蝶兰，她很喜欢，就一直放在客厅的电视机柜上，可是3岁的儿子每次经过花前都会哭闹不止，一开始她觉得是儿子自私，因为那个位置原先摆放的是他的小汽车。直到

有一天她蹲下来拖地，以和儿子一样的视角仰视那盆兰花时，眼前的景象吓了她一大跳：肥硕的花瓣像极了一张面目狰狞的面具。她这才恍然大悟，儿子并不是自私，他是真的害怕这些在他眼中丑陋的花。当时她愧疚极了，以后再要往柜子上放任何摆饰之前，她都会蹲下来，从儿子的视线去看一看，判断是否需要如此摆放。

这个故事其实告诉我们：小到家里的家具摆放，大到对孩子行为的评价，家长都应该蹲下身来，从儿童的视角、儿童的心理特征去理解孩子，尊重孩子，而不是一味盲目地用成人的标准去苛责孩子。

理解儿童是所有教育的起点。家长不仅要蹲下身子去倾听孩子，更要学着以儿童的视角去理解孩子的行为。

因为你眼里的世界和孩子眼里的世界是不一样的，成人认识世界的方法和孩子认识世界的方法也是不一样的。

著名心理学家皮亚杰在研究儿童认知发展特点时曾提出过"泛灵论"的观点。他通过向幼儿提出诸如"太阳知道它自己发光吗""如果我用针刺这张桌子，它会感到疼吗"等问题，来研究幼儿的泛灵论思维。

通过这样的研究，皮亚杰提出幼儿的泛灵论思维大致要经历四个阶段：第一个阶段，幼儿会认为所有物体都是有意识的，比如你搬石头，石头知道它被人动了；第二个阶段，幼儿认为只有经常运动的物体才有意识，如自行车、汽车可能有感觉，不动的桌子可能没有；第三个阶段，幼儿认为只有能自发运动的物体才有意识，例如太阳、月亮有意识，自行车没有；第四个阶段，幼儿认为只有人和动物才有意识。

幼儿泛灵论的实质，其实就是幼儿"以自我为中心"的意识，他们认为一切事物都和他们一样，以与他们相同的方式存在，在他们的世界里，踩到小草，草是会疼的；太阳是要睡觉的；小动物也是会不高兴的，等等。

幼儿"以自我为中心"的意识，并非是家长理解的"自私"。

只是幼儿认识世界的方法依赖于自己的想法而非事物的客观特点，仅仅从自己的角度去观察和认识外部世界，并且认为每个人看到的世界都和自己看到的一样。

我们也可以从儿童画中看到这种思维的反映，年龄越小的孩子所画的内容往往都比现实中大很多。比如，他们画的蚂蚁可能比树还大，或者在他们的画笔下，父母的腿特别长，甚至占据整个画面。这是因为，在孩子眼里，他们容易关注到自己所看见的某样东西而忽视周边的环境。他们看蚂蚁，眼里就只有蚂蚁；孩子个子矮小，在他们的视线里，最多看到的就是父母走来走去的腿和脚，所以画出来的往往是大长腿。

5岁以前的幼儿在思维、道德判断上往往呈现出较明显的以自我为中心的特点。家长常常会由于不了解这个年龄段

教育理想说

的幼儿与成人的行为、想法迥异的缘故,给予幼儿错误的回应;或者用一种"想当然"的教育心态与孩子相处,无形中在很多方面伤害了孩子。

还有一个值得家长反思的问题是:为什么家长们总是希望孩子懂得分享?分享的确对孩子的成长、社会交往好处多多。分享是社会交往的一种重要方式,喜欢分享的孩子更受大家的欢迎,分享可以提高孩子的语言表达能力和交流能力,帮助他找到和别人相处时的方式方法。懂得分享的孩子,可以更好地解决社交中遇到的问题,能够积极地帮助他人。分享,可以说为孩子的社交奠定了基础。

让孩子懂得分享的想法没有错,但是很多家长却不知道该用什么合适的方法让孩子学会分享。有的家长要么从孩子手里抢过玩具给别的小朋友,要么不经过孩子同意私下将玩具送人。每当孩子表现出不愿意的情绪,家长就会指责孩子"小器""自私""霸道"……

需要提醒家长的是,在这个年龄段,家长千万不要强迫孩子做出分享的行为,而是要充分尊重他们的意愿。家长们也许会担心,我们尊重孩子的自我意识,时间久了,孩子会不会越来越不喜欢分享?

看看康奈尔大学曾经做过的一个关于分享的实验。实验对象是3—5岁的孩子。研究员先发给每个孩子一张贴纸,然后问他们：是否愿意把贴纸分享给玩偶朵拉，让它"开心"起来？接着研究员将孩子分成3组：第1组孩子可以选择给自己或给朵拉；第2组孩子可以选择给朵拉或还给老师；第3组孩子会被老师强迫把贴纸送给朵拉。

实验结果显示，第3组孩子做出抉择的时间最长，但最后大部分孩子都选择把贴纸给朵拉。发现了没有，当你强迫孩子分享，孩子就更不愿意分享，相反，你让孩子自己选择是否分享，反而会让孩子更愿意分享。

那么，面对这个年龄段孩子出现的以自我为中心的行为，家长具体可以怎么引导？我的建议是：

首先，要做到不给这个年龄段孩子的行为贴上道德标签。 教育家蒙台梭利说过："年幼的儿童没有是非感，他还生活在观念之外。事实上，我们并不认为他很坏或者邪恶，而只是认为他挺调皮，即他的行为很幼稚。"家长有时候会主观地想象，我的孩子是不是开始学坏了？要相信这个年龄阶段的孩子很多行为的初衷不是要伤害别人，而是为了引起成人的注意、得到成人的赞扬，甚至只是单纯地模仿或沉浸在自己的世界。这时家长的指责和质问，可能会给孩子负面的暗示，把孩子本来单纯的行为往"坏"处推。

第二，如果发现孩子真有问题，家长要先端正自己的行为。 家长是孩子最直接的模仿对象，发现孩子行为习惯上有问题时，家长一定要先反思自己。对孩子滥用家长的权威是危险的，以身作则更为重要。比如分享，家长平时怎么做的，这就会反映在孩子的行为上。所以当你经常跟身边人分享，孩子看久了，自然会懂得分享，不用着急，更不用强迫。

第三，**家长要给予孩子稳定的情感回应**。有些家长，心情好的时候把孩子捧上天，心情不好的时候则对孩子或置之不理，或声色俱厉。建议家长这样做：即使心情再好，也不放弃原则底线（比如孩子必须按时休息起床、自己收拾玩具等）；即使心情再低落，也要对孩子有起码的情感回应，即使言语上无法保证高频率的回应，也要在肢体上让孩子感觉到家长对他们的关注（比如给一个鼓励的眼神或者适时地拥抱一下）。家长忽冷忽热的态度会让孩子怀疑自己，对家长产生不信任感。

第四，**不要利用孩子的幼稚行为去捉弄他们**。在儿童自我中心的思维期，有些家长会做一些自认为自娱自乐的事情：他们和孩子开出格的玩笑，利用孩子的"童言无忌"来取悦自己。这种居高临下的捉弄利用了孩子的单纯，故意让孩子犯错误、哭泣或害怕，目的是逗成人开心。不难发现，这几年越来越火的几个短视频平台上，经常会看到类似的内容，美其名曰"萌娃搞笑"，其实只是为了流量和吸粉。制作上传这些短视频的家长们应该好好反省一下自己的行为，停止这种以开心为名的伤害。

说给家长听的真心话：
锦囊5：把握教育限度，拒贴道德标签

1. 把握要求孩子分享的"度"，尤其是对3岁左右处在占有敏感期的孩子。虽然大方、谦让是传统观念中好孩子的品质，但过度要求年幼的孩子将喜爱的东西与他人分享，可能导致其合理需求得不到满足，从而埋下心理隐患。
2. 不要轻易给这个年龄段的孩子的任何行为贴上成人化的道德标签，否则可能会给孩子心灵带来无法挽回的负面影响。
3. 尊重孩子与物交往的行为。切忌在孩子与玩具、物品对话时嘲笑孩子，否则可能伤害到孩子的自尊。
4. 理解儿童是一切教育的起点。家长不仅要蹲下身子去倾听孩子，更要学着从孩子的视角去理解孩子的行为。

教育理想说

幼儿园不设保育员，可不可以？
向生活学习是一种最高级的学习

访谈嘉宾： 杭州云谷幼儿园总园长 蔡伟玲

> 生活本身就蕴含着巨大的教育资源，教育也是通过生活在发挥作用，教育的目的正是让孩子获得美好生活的能力。吃喝拉撒睡是幼儿园孩子的生活常态，其中蕴含着很多学习机会。如果没有保育员，我们的老师也许能把很多生活环节做成课程。家长也可以在日常的家庭生活中，做到和孩子一起向生活学习。

孩子玩水弄湿了衣服，自己脱下来换新的，还有系纽扣、系鞋带，这些何尝不是肌肉精细动作的练习；吃饭自己打菜、自己清理盘子，孩子反复几次就知道自己的饭量有多少；午睡前和小伙伴一起搬床，睡醒后再把床归位，卧室便成为了让孩子们感受轻、重、力量、平衡、合作的练习场；孩子在做班级清扫工作的过程中，可以有效锻炼距离判断、驾驭工具的能力。

在我们幼儿园，时时处处都有这样基于真实生活设计的教育环节，让孩子们知道怎么做才能顺利完成目标，并通过反复尝试找到解决问题的方法。

让孩子在生活中学习，这叫"教育无痕"，是最高级的

教育形式之一。

到底什么是学习？可能很多人会认为得有书本、要坐在课堂上听老师教，那才是学习。这是对学习狭隘的认知！知识学习只是所有学习方式中的一个很小的方面。学习还有另外一个很重要的方面，叫生活学习。

在幼儿阶段，我们更推崇生活中的学习，比如双休日在家，妈妈和孩子准备去做一道菜：用空气炸锅做一个炸鸡翅。但是妈妈也不知道怎么做，于是和孩子一起在网络平台上搜索步骤，或者跟着网络视频一起做：第一步先把鸡翅冲洗干净，吸干表面水分，在上面加一些盐、酱油或者花椒之类的调料，腌制 20 分钟。腌制好了之后再放到炸锅里面。那么这里提到的 20 分钟该怎么看？

如果家里有钟，家长可以和孩子一起观察，钟有长针有短针，短针是一个小时一个小时走，长针就是一分钟一分钟走，20 分钟就是长针走 20 格。

这里面是不是有大量的学习内容？**孩子学习了小时和分钟，认识了刻度，这都是数学问题；孩子认识了各种调味品的颜色、形状以及味道，这都是生活常识。这不就是综合性学习吗？**

除了跟着视频学，还可以鼓励孩子向长辈学做菜。比如孩子可以打电话问奶奶，奶奶告知步骤时，孩子得认真地听，还要听懂，听懂了才能复述给妈妈。让孩子复述，这就是知识输出，这也是一种非常好的学习，而这种学习机会生活中处处存在。

生活中蕴含着很多教育的资源。在云谷幼儿园，这种基于生活的学习，我们教师都把它开发成了"生活品质课程"。就像我刚才分析孩子和妈妈一起做菜这个例子，这里面包含着很多的生活经验和生活智慧，也就是说，生活中蕴含了大量启智的内容。又比如，到幼儿园来上学，孩子们要把自己的被子拿进教室，小班的孩子一个人拿不动怎么办？他们可能会想办法找老师帮忙，或者找一个小朋友一起抬进来；也有的孩子选择自己把被子拖进来，或者翻滚装着棉被的袋子，把被子"滚"进来。

为了解决把自己的棉被拿进教室这个实际问题，孩子们用到了很多方法，这也是一种很好的学习。此外，他们还在这个过程当中感受到了什么是重量：夏天的棉被拎着走轻松，冬天的棉被则很重，单人单手根本拎不动。还有，寻求老师和同伴帮助的孩子，也会感受到合作的意义。

再比如抬床铺。午睡时间，我们幼儿园一开始就要求孩子自己把床抬出来，放好，午睡结束，再把床抬回去归位。床一个人抬不动，孩子一定得找同伴帮忙，两个人如何合作？你抬高我抬低了不行，床要倒；你速度快我速度慢也不行；

归位时要看准空间和位置，等等。以上种种都是学习的过程，而且这些学习过程又是在日常的重复中不断经历的，这就是"自然习得"。

我相信，等这些孩子上了小学学到相关的数学知识，到了中学学到相关的物理知识时，童年的这些实实在在的记忆、直接的感知都会支持他们更好地认识和理解那些原理。生活就是这样，里面蕴含着特别丰富天然的教育资源。**当我们认识到，学习不只是发生在课堂、书本中的时候，我们就可以跳出束缚，看到学习发生在广泛的自然的生活当中。**

大自然更是一个神奇的课堂。我们幼儿园是一所新建园，建设之初要栽种大量迁移过来的树木，其中有一棵很大的树，因为枝干长得比较低，我就想着移植过来后，可以让孩子们安全地爬树。不幸的是迁移过程中出了一些问题，这棵大树最后没在校园成活。有人建议把它移走再种新的树，但我觉得太可惜了，这么大一棵树，就让它留在这里吧。于是，从安全角度考虑，经过一些简单修剪之后，这棵没成活的大树就躺在了校园的青草地上，和孩子之间发生了特别奇妙的故事。

孩子们经常来到这棵大树旁边溜达，根据他们自己的理解去判断这棵大树"爷爷"是否还活着。孩子们经常爬到大树上，像考古学家一样抠挖树干来探究，日复一日，那些附着在树干上的树皮就被孩子们一点点抠掉了。

突然有一天，孩子们发现树皮掉落后，光秃秃的树干上面有着非常美丽的斑纹，就像一幅天然的神奇树画。孩子们把这奇妙的发现告诉了老师，老师也很惊讶，因为大家从来没有看见过这么特别的图案。它是怎么来的？老师和孩子们一起上网去查询，去比对，去探究。最后得出结论：这种神奇的斑纹叫作虫蛀纹，是寄生在大树身上的一些昆虫长年爬行留下来的图案。这就是自然给我们带来的神奇的课堂和美妙的学习。

如果不是孩子们的探究，我们也许永远不会知道虫蛀纹的存在；如果不是这棵树的存在，我们也许永远不知道，平常所看到的那些大树下面树根的样态。这种与自然和知识的连接，对孩子一生来说是多么宝贵的财富。

通过我们幼儿园发生的这些故事，我想对家长说，多带着孩子去亲近大自然吧，开启一段段神奇的学习旅程。你可以和孩子一起用视觉、听觉去感知自然，也可以用触觉去感知。比如，可以一起听听风声雨声，让孩子闭上眼睛到户外感受大自然的声音；还可以带着孩子用手去触摸、去感知各类植物或者小动物，等等。

带着孩子走向自然，应该是全通道、调动多感官的一种感知过程，孩子往往会比家长更容易发现一些新奇有趣的东西。因为，他们和家长相比，拥有更强的好奇心，受到更少的思想束缚，当孩子兴奋地表达他们的发现时，家长要做的是什么？你得顺着他们的发现去肯定并支持他们，或者饶有兴致地跟着孩子一起去寻找更多的发现，这才是特别美妙的亲子关系。

家长在跟着孩子一起去探究的过程中，其实也发现了一个全新的世界。所以我一直认为，家长陪伴孩子是一件特别美妙的事情，跟孩子在一起的时候，你会享受到很多的亲子快乐，以及孩子带给你的很多惊喜。

跟随着你的孩子，你会发现世界的很多不同和美好，我们需要向儿童学习。

教育理想说

说给家长听的真心话：

锦囊6：生活是自主学习的资源宝库

1. "你只管好好学习，生活的事不要你操心！"这句耳熟能详的话事实上扼杀了多少让孩子向生活学习的机会。

2. 陪伴孩子成长的过程，其实也是一个学习如何成为好家长的过程，别总拿工作忙和累做借口，错过了孩子的成长，拿什么都弥补不回来。

3. 孩子都有自主学习的强烈动机，生活中有太多可以让孩子自主学习的资源。作为家长，最重要的是为孩子们提供探究和利用这些资源的机会，而不是把生活与学习割裂。否则久而久之，孩子产生对学习的误解，进而失去自主学习的动力。

4. 多让孩子动手。让孩子参与做饭、做菜以及做各种力所能及的家务，别怕孩子年纪小，也不要嫌收拾卫生麻烦，在确保安全的前提下，自己动手不仅对孩子大脑发展有独到的好处，也符合孩子的天性。

少爷、小姐脾气是怎么来的？
要掌握表扬和批评的艺术

访谈嘉宾： 原浙江师范大学幼教集团总园长、正高级教师 王芳

> 常听家长向我诉苦：现在的孩子说不得，个个都是大少爷、大小姐，语气稍重点就说我们骂他（她），遇到一点芝麻绿豆大的小事就委屈得大哭。比如，妈妈多夸了几句隔壁家的宝宝漂亮乖巧，孩子就会不乐意，甚至哭闹不止；在家里常常顶撞大人，怼天怼地怼家长；耳朵里只听得进表扬和赞赏，听不得半句批评……我们该拿这些孩子怎么办？

上述幼儿的种种表现，其实源自一种渴望得到赞扬的心态，这在幼儿自我概念的建立期是很普遍的。所谓自我概念，指的就是儿童对自己的认识和评价，它是儿童社会性发展的重要组成部分，对儿童的自信、自尊的建立，以及今后对人对事的态度和行为都有很大的影响。

一般在 2 岁左右，幼儿会根据别人对自己的表情、评价和态度来了解和评价自己，并逐渐形成自我概念。但在整个幼儿期，儿童都不能进行独立的自我评价，他们自我概念的形成具有高度依赖他人的特点。家长作为幼儿生命成长的"重要他人"，对幼儿自我概念的形成和发展具有不可或缺的作用。

所以，**这个阶段的家长一定要掌握一些表扬和批评的艺**

术，促进幼儿形成健康、积极的自我概念。一般来说，幼儿时期积极的自我概念主要包括以下三个方面：一是觉得自己是有价值的人，能得到别人的重视；二是觉得自己是有能力的人，可以做好每一件事；三是觉得自己是独特的人，能够受到别人的爱护和尊重。健康、积极的自我概念有助于幼儿在成长过程中对自己和周围的事物形成正确的态度，容易建立良好的人际关系，对学习产生兴趣，保持情绪稳定，最终形成健康的人格。

表扬和批评是日常经常要使用的方法。一般而言，不提倡过度表扬，在批评孩子时，也不是态度越严厉效果才越好。表扬孩子，要实事求是，要表扬具体的过程，不要指向孩子的性格特征。比如，家长在表扬孩子谦让时，不应和孩子内向文静的性格联系在一起。

批评孩子，要了解事件的原委，接纳孩子的情绪，不给孩子贴标签。坚持就事论事，指出孩子在这一件事上犯了什么错，尽量不要用"你就是爱哭"等以偏概全的说辞。

要知道，批评的本质是交流和沟通，告诉孩子什么地方做错了，而不是一味训斥。在我看来，在家长的教育过程中，还是应该表扬多于批评。

当然，**表扬和批评也不仅仅是诸如"孩子，你真棒""宝宝太厉害了""你怎么那么笨"等简单的一句话**，而更需要家长用心琢磨。比如，表扬和批评的方法和时机，就非常重要。

什么时候给孩子表扬才是正确的呢？当孩子所做的行为是孩子力所能及的，家长一般不要给予表扬也不给予批评。当孩子的良好行为刚出现，或者超出孩子日常行为标准之上时，一般要予以表扬。当孩子所做行为低于日常行为标准，或者做错了事情时，一般要予以批评。

这里要特别提醒家长的是，一般行为标准对照的是孩子自己的行为，而不是别人的行为。一些家长对孩子的要求标准过高，或者给孩子设定成人标准，再或者把孩子与其他孩子进行过多的对比，对孩子的行为给出错误的批评，这会对孩子造成伤害。

最好的表扬是让孩子感受到来自家长的爱与尊重，满足孩子对爱和尊重的需要。 要做到这一点，家长要与孩子真心诚意地进行情感交流。比如，孩子在诉说自己的委屈时，家长要投以专注的目光，最好与孩子有肢体上的接触，抱抱孩子或者摸摸他们的头都可以，和孩子一起分析委屈的前因后果，适时地表扬孩子在面对委屈时的一些做法，提出解决委屈的办法等。但这也并不意味着家长对孩子要无原则地溺爱，不问缘由一味包容孩子的委屈，或者把错误全部归因到别人身上，有时需要让孩子从自己身上寻找原因。

表扬孩子还得要给孩子多创造体验成功的机会。 有些家长凡事都包办代替，不但剥夺了孩子自主探索、试错和体验成功的机会，而且也丧失了很多借机表扬的好时机。家长应该多让孩子做一些力所能及的事，比如让孩子去取取分量不重的快递；给长辈递递纸巾；家长回家，让孩子帮忙拿一下拖鞋；上幼儿园时自己整理一下小背包，自己提书包等，放手让孩子去做一些完全可以独立完成的事，并及时做出正面的反馈。

开展正确的赏识教育，正确的赏识教育并不是过度地表扬。很多家长认为批评会伤害孩子，于是把赏识教育和过度表扬等同起来，结果导致孩子对表扬产生依赖性，遇到挫折，更容易产生悲观情绪，抗挫能力几乎为零。赏识教育其实是家长在平时的言行举止中传递给孩子的种种信任和赞许的信息。例如，第二天是幼儿园的玩具分享日，家长可以说："孩子，要拿什么玩具，你自己做决定！"表面听起来只是给了孩子一个自己做决定的机会，但在孩子看来，这是家长认为"我有能力做决定"。

最后还要提醒家长的是，批评孩子千万不要选择在人多的场合或者公共场合。比如孩子因为想要一个玩具在商场里哭闹，或是在电影院待不住影响到别人，这时候家长必须要及时批评教育孩子，但是可以先把孩子带离这些公共场所，选择一个相对安静一点的环境进行一对一的交流。给孩子足够的尊重，不当着很多人的面去指责他（她），会收到事半功倍的效果。

说给家长听的真心话：

锦囊 7：人格健全的孩子是好好"夸"出来的

1. 表扬和批评都不是张嘴就来的一句话，要掌握技巧和时机，还要注意表扬和批评的分寸。
2. 人格健全的孩子是"夸"出来的，当然，前提是聪明的家长懂得表扬和批评的艺术。
3. 满足孩子爱和尊重的需要。无论表扬还是批评，都得基于尊重孩子这个大前提。
4. 多鼓励孩子与同伴交往。儿童常常以自我为中心，同伴交往时容易发生冲突，家长可以通过介入解决孩子间的冲突，帮助孩子寻找积极的沟通方式（比如合作、分享、商量等），实现良好的自我调节。但在这期间家长介入的度也要注意把控，如果不知道如何调解，家长不妨做一个旁观者细心观察，等待他们自己解决冲突后再与孩子一起总结表现得失。

教育理想说

孩子还小就不用立规矩？
"熊孩子"可不是一天养成的

访谈嘉宾： 杭州市人民政府机关幼儿园集团总督学、正高级教师 冯伟群
广东碧桂园实验学校总校长 陈钱林

> 在这个时代，"熊孩子"几乎成了一个无处不在的热门话题。在"熊孩子"让大多数人烦不胜烦的时候，社会上依然还有不少的声音为其辩解："他还只是个孩子……"但是一个又一个事实告诉我们，有些事不是一句"他还是个孩子"就能一笔带过的！
>
> "熊孩子"绝对不是一天养成的！许多家长直到孩子长大，出了家门，上了学校，才意识到孩子身上很多行为不合适，开始去"管教"，但为时已晚。因为改变一个旧的行为习惯，往往比塑造一个新的行为习惯难得多。

首先了解一下，规矩是什么？对孩子而言，规矩就是什么能做，什么不能做，能怎么做，不能怎么做……

立规矩，就是给孩子设定一个行为的边界。 有了这个边界，孩子不容易受到外界的伤害，也不会去伤害别人和破坏环境，同时又能拥有最大的探索和活动空间。

制定规矩的时机很重要。生活中经常听到家长们喊："孩子，这个不能碰，那个不能吃！"像这样对孩子部分行为的阻止，是规矩最初的形式之一。

立规矩并不是孩子不听话、做了错事后的训斥或打骂。这其实已经错过了立规矩的最佳时机，仅仅是事后修补而已。这么做不仅无法让孩子认识并主动遵守规矩，反而会增加亲子冲突。

那么，制定规矩的程序具体是怎样的？从出生开始，通过对婴儿日常需求的满足，逐步建立与孩子的亲近感，培养孩子对家长的信任，并让他们能够按照家长的话去做。这是有效制定规矩的前提。对孩子而言，越是亲近的人，他们的话越有影响力。0—6个月这一阶段我们对孩子的照料以及对周围人的态度，将给孩子留下深刻印象，也会成为他们日后模仿的榜样。这个阶段，家长要做到尽可能对孩子温和地说话，家人之间和谐地相处，那么孩子今后的言行也会温和而有礼。

6个月开始，家长要对孩子的积极行为表示明显喜悦，并在语言上进行赞许。这样做能有效地对孩子起到鼓励作用。当孩子能做到翻身、独坐、站立等动作时，要对他们示以点头、微笑的赞许。这样能够帮助孩子建立起坐在餐椅上吃饭的意识和基础的用餐礼仪。当孩子出现探索的行为，如把东西拿在手里把玩或者放进嘴里等情况，在保证安全的前提下，不要大声喝止，而是微笑地对着他们，说"你在咬饭勺啊""大拇指好吃不"等，表示对其探索行为的鼓励。如果物品存在一定的安全隐患，比如有可能让孩子噎到的小物件或食物等，要直接把它们从孩子视线里拿开，放到孩子看不见也拿不到的地方。如果只是因为卫生问题，家长需要做的，就是把物品洗干净。

从 10 个月开始，孩子能明显表现出对家长语言的理解能力。这个时候，可以制定少许非常简单的规矩，温柔而坚持不懈地引导孩子停止不恰当的行为。教给孩子什么行为是不允许的，什么反应是你所期待的。在这个阶段，家长的惩罚是不恰当也没有必要的，保留赞许就可以了。

1 岁以后，随着孩子语言和认知能力的提高，可以根据实际情况和需要添加新规矩。这些规矩往往是安全保障方面的，也可以教给他们礼节礼貌，在他们学习和运用新技能的时候加以表扬。鼓励是激发孩子良好行为的最有效工具之一。

2 岁以后，可以逐步增加安全及社交礼仪方面的具体规矩。比如，家长带孩子去外面做客，出门前要和孩子说好规则，见到父母的朋友要打招呼，未经允许不随便动别人家的东西等。倘若孩子依然明知故犯，可以采用暂停（中断）等方式处理。如果亲子间的关系是信任的，孩子在多数情况下一般能够自觉地配合家长。家长最合适的方法是运用言语或情绪表达赞许或厌恶，对孩子行为加以引导。

3 岁左右，大部分情况下，孩子会在这个时期进入幼儿园，而这个时期也正是孩子的秩序敏感期，也就是说，**孩子的规**

则养成主要在 3 岁到 4 岁这个阶段完成。

在这个阶段，从培养孩子行为规范的角度出发，家长一定要把一些基本规则教给孩子，比如不要在很多人面前大声说话，到公共场所要注意文明礼貌等，同时教会孩子遵守规则的方式方法。

家长可以有意识地选择公共空间意识培养、与他人相处等相关主题的绘本，和孩子一起阅读。最重要的是要和他们交流绘本中的一些场景，然后让他们来谈谈感受。在立规矩的时期，家长也要有一定的耐心，孩子起初可能并不一定会完全达到你的要求。

还有一个行之有效的方法是，家长可以和孩子一起商量制定"家规"。家规不是对孩子进行控制，而是为了让孩子从家庭开始建立规则意识。家规如何制定？首先要尊重孩子，与孩子共同制定"基本的家规"，比如要按时睡觉，不能挑食，不能打架等。

家规也可以是动态的，一般在孩子犯错后总结出来。比如我们可能经常会碰到这样的情况：两个孩子吵架，原因是分零食时一人多一人少。有位家长是这样处理的，他先从孩子 A 的零食中拿一些吃掉，这下变成孩子 B 的多了；然后他又从孩子 B 这里拿了一些吃掉，这下又变成孩子 A 多了……就这样，最后两个孩子的零食都被家长一人吃光了。这时孩子会发现问题所在,家长则趁机教育,告诉孩子不相让的结果是双方最终都有损失,"吃零食时要相让"的家规就通过这样的方式确立起来。

违反规则必须接受批评和惩罚,孩子的成长就是与规则斗争的过程。如果孩子出现了一些试探规则底线的行为,家长任其发展,孩子摸透了家长的心思,那么家长有了一次妥协,就会有第二次,最后破坏规则。比如,孩子会以哭闹来试探家长,家长绝不能因此就满足他们的要求。孩子第一次因为不合理的要求哭闹时,家长不能心软,要断然给予批评并让孩子了解到哭闹是没有用的,这样一来他们自然就不会再以哭闹来要挟父母。

规则教育应以表扬和鼓励为主。出门做客前,家长可以与孩子讨论应有的规矩,回家后还要进行总结,表扬孩子好的表现。长此以往孩子的规则意识自然就强了。

也有家长会问:要怎么处理尊重孩子个性和遵守规则之间的矛盾呢?我认为,教育的艺术就是寻求规则与自由的平衡。对于规则与个性的把握,一是在行为上要强调规范;在思维方式上,应鼓励个性,鼓励孩子拥有奇思妙想。二是在核心价值观上要强调规则,如道德、法律规则是不能突破的;在非核心价值观上,应该允许孩子有些个性。

在生活中培养规则意识。规则教育贵在培养孩子的理智,有时孩子违反规则，是因为不懂其中的原因，若能给予说明，孩子自然会更好地遵守。比如，家长可以告诉孩子，倘若到别人家里做客时，未经同意随便动他人的东西，这不是活泼，而是没有规则意识的表现。

人际礼仪是重要的规则，在幼儿期的重要人际礼仪主要是向客人打招呼。从心理特点看，孩子一般对陌生人会有戒心，家长如果事先没有教育引导，孩子一般不太愿意、也不知道主动招呼客人。所以家长很早就要开始教孩子应有的礼仪知识，家里来客人前，与孩子商量如何打招呼，客人走后，再给予反馈。

对孩子违反基本道德或法律准则的言行，家长要保持零容忍。 幼小的孩子，心灵如同一张白纸，家长要及早培养孩子对道德、法律的敬畏感。孝顺父母、感恩老师、不伤害他人，这些都是最基本的道德、法律规则，要在幼儿时期教授给孩子。可以通过读绘本、讲故事的形式，对孩子进行道德、法律教育。报纸上的新闻报道，家长也可以拿来做规则教育的素材，用孩子听得懂的语言讲给他们听。

教育
理想说

说给家长听的真心话：

锦囊 8：要给孩子制定必要的规矩

1. 一定要给孩子制定必要的规矩，规矩的制定可以和孩子商量，但一旦确定，就要共同遵守。
2. 制定规矩的时机非常重要，最好是带孩子出门之前，事先和孩子约定一些必要的规则和规范。如果孩子一时犯了错，家长要找个一对一的机会，和孩子一起复盘犯错的过程、犯错的后果，然后一起制定规矩。最好不要在孩子犯错的当下，或是人多的场合立规矩。
3. 孩子会不断试探你的底线，家长不能心软。无条件的溺爱只会培养出令人厌恶的"熊孩子"。
4. 孩子的规则教育一定要结合具体的故事或事例，用孩子听得懂的语言，不能一味以"我是大人，我说了算！""听话！"等说教性语言来教育孩子。
5. 孩子愿意遵守的规则，大多是和家长讨论出来的结果。树立规则的前提是亲子间进行足够的沟通。

孩子经常哭闹是怎么回事？
学会读懂你的孩子

访谈嘉宾： 原杭州市教育局副局长、心向阳家长学校校长 蒋莉

> 三四岁的孩子普遍会出现这种情况：稍不如意就大哭大闹，家长怎么讲道理都听不进去，非要闹够了才肯收场。尤其在公众场合，弄得家长很是尴尬。
> 在网上搜索"爱哭闹发脾气"这个关键词，结果跳出来一大堆医生对家长的回复。这说明我们的很多家长是把孩子爱哭闹发脾气当作一种病去对待，不然也不会去咨询医生了。那么真的是孩子病了吗？

从医生们给家长的回复看，大致就总结了以下三步法，第一步安抚，第二步沟通，第三步进行适当的教育和讲道理。

但是很多家长发现，孩子发脾气的时候，按照这三步法去处理，大多数时候根本就不管用。为什么不管用？不是这三个步骤不对，而是我们家长，很多时候还没有很好地理解孩子为什么哭闹，就开始安抚孩子，给他们讲道理，这样就很难教育到点子上。所以孩子该哭还是哭，该发脾气还是发脾气。

如何去理解孩子哭闹和发脾气背后的原因？不同的孩子，不同的场景，原因是不一样的。但总的来讲，孩子哭闹发脾气，主要有以下四大类的原因：

其一，需求没有被满足。 孩子的某个需求，被你拒绝了，他不开心、生气，所以要哭，要发脾气，这是3—6岁孩子情绪爆发最常见的原因。

比如，我们去逛商场的时候，经常会看到一些类似的场景：孩子一定要买玩具，家长说家里有很多了不能买，直接拒绝了。孩子当然不死心，紧接着采用哭闹的招数，试图让家长依从他，满足他。

在家里也是一样，孩子想要的东西你不给他，想做的事情你不允许他做，他都可能会脾气大爆发。

这种情况该怎么处理？家长可以判断一下，孩子的需求是否合理，只要需求是合理的，也不涉及安全风险，一开始就没有必要限制和否定他，去激发他的情绪。

如果是不合理的需求，家长需要做好的其实就是两点：第一，接纳孩子生气、愤怒等情绪，不跟着孩子一起发火；第二，在温柔接纳的同时，立场坚定，绝对不满足孩子的需求，无论孩子哭闹多久，都要坚持一开始的这个选择。 孩子在你这里体验过几次"温柔而坚定"后，下次他们再发脾气的时候，可能就会想一想："我发脾气有用吗？我妈不会答应的，那还不如不闹了呢。"

很多家长经常犯的一个错误是：原本已经否定和拒绝了孩子，但是他们一旦哭闹起来，你受不了了，又去满足孩子。

孩子有了这样的体验，他们就会觉得，发脾气还是很有用的，那么就会一次又一次地故技重施。

除了这两点，其实还有一个方法：家长如果具备一定的幽默感，懂得在孩子有情绪的时候，用游戏或者开玩笑的方式，让孩子的情绪"软着陆"，或者把孩子的注意力分散转移掉，也更有利于良好亲子关系的建立和培养。

其二，这是每个处于秩序敏感期的孩子都会经历的特有现象。 秩序敏感期的一些执拗行为，会让孩子表现得非常情绪化和难以理解。一般来讲，孩子从2岁开始，就进入秩序敏感期了，会自然发出对秩序的需求。

儿童进入秩序敏感期的表现，往往与我们理解的秩序感是不一样的，儿童开始追求和构建秩序的时候，往往表现得非常执拗，他们的思维是刻板的、不转弯的。

我们经常会遇到这样的情况：孩子出门一定坚持自己按电梯，哪一天家长不小心代劳了，他们也许会哭得天崩地裂，于是只能重新回到家里关上门，然后重新再来一遍按电梯的过程。还有些孩子，出门上幼儿园之前，一定要把某个玩具送到指定的地方，不完成这一步他们就不出门。家长若跳过这步想要孩子赶紧出门，那他们很可能就会原地"爆炸"，发脾气发到停不下来。

秩序敏感期特有的一些行为表现，具体到每个孩子身上，可能都是不一样的。如果家长把孩子的这些行为，简单地理解成任性和无理取闹，不仅是过于缺乏耐心的表现，无形当中还会破坏孩子在努力构建的秩序感。

这种破坏，其实会产生很多长远的不良影响，比如会影响到孩子安全感的建立，会导致孩子思维的混乱、情绪的混乱，甚至是心理的混乱等。

如果家长始终不主动帮助孩子去调整这种状态，那孩子将来适应社会的能力，就会出现问题。**秩序感发展得不够完善的孩子，在将来走向社会时，可能就会形成卑微、讨好、投机、权力欲过强等一系列影响他们生活的负面品质。**

因此，孩子由于秩序感引发的任何看似任性和执拗的行为，家长都要拿出足够的耐心，泰然处之。当然这有一个前提，就是我们家长要懂得观察孩子的行为。很多时候我们能够从孩子的表现中总结出规律，孩子因为秩序敏感而脾气大爆发的触发点其实也不会太多，只要你用心去观察一定能了解到，也不要随意去破坏。

其三，孩子在用哭闹表达爱和依恋。 孩子在特定的某个人面前更容易发脾气，这个人也许是爸爸，也许是妈妈，有些家庭里，还可能是奶奶或者外婆，但是最可能的那个人，通常是妈妈。

有很多家长和我反映一个现象：就是妈妈不在的时候，

孩子乖得不得了，听话讲理，自己的事情自己做。但是，只要妈妈一回家，他们就变得肆无忌惮，各种不听话不讲理，还动不动就哭闹一场。

如果你的孩子恰好是见到妈妈才发脾气的这一种类型，那我想你应该先感到高兴才是，因为这说明孩子在你面前是最为放松的。他知道你对他的耐心和宽容度是最高的，所以他会用发脾气的方式来表达对你的爱和依恋。

这种情况其实不需要家长特别去处理，你只需要读懂孩子行为背后的原因，给孩子足够的耐心和温柔，和孩子保持一种亲密的连接，帮助孩子提高自身的安全感。随着孩子渐渐长大，一切都会有所改变。

其四，孩子能力的不足。 孩子爱发脾气的第四种原因，也是经常被大家忽视的一个原因，就是孩子在某件事情上能力有限，产生了挫败感，他们只能通过情绪表现出来。

比如有些孩子，在玩积木的时候，只要搭到高一点，积木就会倒下来，他们可能接受不了，搭着搭着就暴哭起来。这其实就是因为他们努力想把积木搭好，但总是做不到，于是就有了情绪。

还有一些孩子，他们想自己穿衣服，但总是穿不进去，或者说穿不对，也会哭闹发脾气。以此类推，吃饭、上厕所、穿鞋、跑步、拍球，等等，所有家长看起来很小的事情，对孩子来讲都有可能构成挑战,挑战失败则会导致他们当下的情绪失控。

解决这类问题其实也就两个原则:**第一,理解孩子的情绪。**不要孩子一发脾气,家长不分青红皂白就是一顿批评。其实这完全没有必要,你应该接纳他们的情绪;**第二,想办法提升孩子解决问题的能力。**孩子搭积木搭不稳,那就想办法让他们掌握一些平衡的小窍门,至于一些对孩子来说难度比较大的学习内容,可以等他们的基础能力提升起来了,再让他们去接触。要保证这个任务或者这个目标是孩子稍微踮一踮脚就能达成的,这才是最合适的高度。

说给家长听的真心话：
锦囊9：不要过分关心"别人家的孩子"

1. 家长要把精力和时间放在研究和读懂自己的孩子上。遗憾的是当下有很大一部分家长热衷于研究"别人家的孩子"，然后用别人家孩子的成功来伤害自己的孩子。
2. 学会在孩子面前克制自己的情绪，千万不要以为孩子还小不懂，不会因为成人的崩溃和失控而受伤。
3. 家长稳定的情绪、和谐的关系是孩子养成情绪控制能力的前提，也是孩子安全感的主要来源。
4. 超过孩子当下发展阶段的任何要求，尤其是学习方面的，都是在一遍遍告诉孩子：你这是有多无能！这伤害的不仅仅是孩子的自尊，还有他们对未来学习生活的美好期待。

教育理想说

孩子为什么越长大越没有问题？
儿童是天生的科学家

访谈嘉宾： 浙江省特级教师、衢州市柯城区教育局副局长 余鹏
　　　　　广东碧桂园实验学校总校长 陈钱林

> "妈妈，肯德基为什么那么好吃？""这有什么好问的，我哪知道？好吃多吃点，哪儿那么多废话？"
>
> "为什么我不能上女厕所，为什么我不能跟妈妈一起去上女厕所？""你一个男孩子丢不丢人？别问了快走开！"
>
> 孩子从冰箱里拿出了一个鸡蛋，并开始玩了起来。"鸡蛋有什么好玩的？放回去！我刚擦好的地，鸡蛋掉一地我还得再搞一次卫生！"
>
> 这样的对话和场景，是不是经常发生在你和孩子身上？孩子的好奇心和探索精神就这样一点一点地被家长粗暴的回应给扼杀了。

世界著名天体物理学家、作家尼尔·德格拉斯·泰森（Neil deGrasse Tyson）曾经说过：孩子都有一种与生俱来的探索精神和好奇心，理解客观世界的内在欲望驱动着他们去探究世界。他们不是在翻石头就是在摘花瓣，基本上总在做一些具有"破坏性"的事。

但这就是探索的意义所在。不管是否知道怎么再把它们重新组装起来，就把东西拆得七零八落。孩子往往都会这样做。

一个成年的科学家就是一个从未长大的孩子。成年科学

家做的也就是这样的事。但是**大多数家长都不能足够理解，并懂得如何保护孩子的好奇心。他们考虑的仅仅是怎么保持家里的整洁，或者让自己耳根清净。**

在家里常常会发生这样的事：孩子们走进厨房，把所有的锅碗瓢盆都拿出来，并"演奏"了起来。作为家长，你的第一反应是什么呢？是不是呵斥孩子"别再制造噪声了""别吵了，你把这些餐具都弄脏了"？如果选择这样做，那么你就是毁了一个声学实验。

所以问题不在孩子身上，而在家长本身。孩子是行走的"十万个为什么"，也是天生的科学家，他们对这个世界充满好奇，什么都想知道，什么都想弄个明明白白，什么问题都想打破砂锅问到底，这就是一个天生的科学家的表现。

科学精神、科学思维的培养重点在于，首先发现问题，其次思考问题，最后解决问题。

学前科学启蒙教育就是要培养这样一种精神，但是在当下，科学启蒙教育却极易被忽视。

我们更多的家庭教育还是比较热衷于诗词背诵、识字、数数这样的启蒙教育。家长们大多认为背多少古诗词，看多少童话，认多少字，会算多少以内的加减法，这是比较重要的学前教育内容，而且这些学习往往占据了孩子很多的时间。但事实上，呵护幼儿的好奇心与天马行空的想象力，努力让孩子把这份独有的天性保持下去，才是最重要的。

我们看到，从幼儿园到小学，再到初高中，随着年龄的增长，知识的增多，孩子却变得越来越不会发问，越来越没有问题，这应该引起所有成年人反思：孩子的求知欲和好奇心，究竟是怎样在成长的过程中一点一点被磨灭的。

比如开头那个孩子问妈妈"肯德基为什么这么好吃？"其实这真的是一个很好的问题，如果家长不是这样粗暴地打断孩子，而是和孩子一起认真地探究这个听起来似乎挺可笑的问题，可能反而会得到意想不到的结果。我曾经尝试去问过孩子："有多少人喜欢吃肯德基？肯德基为什么这么好吃？关于肯德基你们还有什么问题？"孩子们七嘴八舌地说："为什么肯德基全是鸡，不是鸭，也不是猪？"然后，我们就一起去寻找答案，在寻找的过程中我们才发现，原来肯德基还真的做过选料方面的市场调查，而消费调查的结果显示，全球各地不同民族对鸡肉的禁忌是最少的，鸡肉的口味比较适合大众的口味。所以，孩子好像随口提出一个问题，只要成人引导得好，就可以带出这么多有关民俗和美食文化的知识学习。

因此，让孩子大胆问出一个好问题很重要，而你对待孩子提问的态度更重要。

在浙江衢州有一所小学，从校门口进去的一面墙上挂着一条麻绳，绳上用夹子夹着很多小卡片，小卡片里写满了学生们各种千奇百怪的问题。孩子们今天想到一个问题，就可以从绳子上取下一张小卡片写下来。我问过这所学校的校长，为什么会有这样的一个设计？他说让孩子发现问题有时候比解决问题还重要，在这个阶段，就要鼓励他们发现问题并及时记录下来。久而久之，这面墙就成为"问题墙"了。孩子们都非常喜欢这面墙，经常会来看一看，而学长会把解决问题的答案写在卡片上，一来二去还增进了学长和学弟学妹之间的沟通。

一些小卡片、一根麻绳，花不了多少钱，但是却保护了孩子们发现问题并及时记录下来的好习惯，保护了孩子的求知欲和好奇心，这一小小巧思的价值正在于此。如果每个教育者都能和这位校长一样，鼓励孩子们发现问题、记录问题，那就真是功德无量了。

我们之所以还倡导在幼儿园里增加更多的游戏时间，其实也是为了让孩子在自然游戏的过程中发现一些问题，有的问题一个人解决不了，可能还要和同伴一起解决，你的思考你的问题启发了同伴，又带出了同伴的新问题。当我们把孩子放在这样自然探索的环境中时，才有可能培养孩子的科学家精神。

家长是孩子的第一任老师，很多时候，学校在做的事情其实也为家长提供了一种很好的示范。学校给出一些指导，一些案例，一些故事，一些榜样，家长就可以学着去做。如果过于依赖学校教育，家庭教育反而受到压制，那也达不到好的效果。

从孩子的视角来看，世界万物都新鲜有趣。孩子常会突发奇想：电视机拆开会是什么样子？把水龙头打开，水池里的水会怎样满出来？当孩子把这些想法付诸行动时，家长不能不分青红皂白斥责孩子搞破坏，而是要弄清楚孩子的真实想法。孩子有可能是调皮，也有可能是好奇。在我看来，孩子第一次出现破坏行为，好奇的可能性更大；如果多次出现，大多为调皮。

孩子对事物的兴趣，往往停留在肤浅的表面。如果发现他们对某一件事物有持久的兴趣，那就表示这件事物有可能与孩子的心智某方面存在特别的关联，家长要多观察、多分析，看看里面会不会隐含什么特别的教育契机。有位家长告诉我，他的孩子三岁时，很喜欢自己一个人躲在房间里，静听闹钟发出的滴答声，于是，他就引导孩子观察声音与秒针的关系，孩子很快学会了如何看懂分针与时针，这是在小学才会学到的知识。有一次，这位家长又带着孩子去访友，那个地方门牌有点乱，孩子在寻找门牌号的过程中，发现了门牌号单双号的规律。这些小事都显示了孩子对数学学习有种特别的敏感,家长及时引导,就是抓住了很好的教育契机。

家长还要尽可能帮助孩子完成从兴趣到学习的迁移。孩子对一些事物有了兴趣,倘若不把它引导到学习上来,是很可惜的。家长带孩子到户外游玩时,如果能引导孩子认真观察、分析一些自然现象,那这样的游玩就是在玩中学习。比如,孩子爬山看到溪水,家长可以提出"水为什么往下流"等问题,引导孩子自己去找答案,进行探究性学习。

最后,我还想提醒家长,以下这些言语和行为可能会破坏孩子的探究欲望,千万不要做。

误区一:"宝贝,应该是这样的……" 当孩子有疑问时,家长急于告诉孩子答案。孩子两三岁前的提问,我们要以他们能理解的方式给予解答,当孩子稍大点有疑问时,我们可以让他们先自己想想看。很多时候,孩子的探究看上去似乎没有意义,却有着独特的价值,这价值并不在于得到什么知识,重要的是激发兴趣与培养能力。

误区二:"不要碰,老实些!" 有些家长经常以怕捣乱、有危险等名义阻止孩子探究世界。家里总会有一些需要淘汰的物件,破闹钟或者旧的洗衣机、桌椅,反正用不上,不妨把这些物件交给孩子,满足孩子探究的欲望,让他们尽情地拆装和探究。

误区三:"你这样做不对!" 孩子在探究中出现了错误,

家长往往心很急，就想马上指出来，纠正孩子的错误。其实完全没有必要这样做。孩子对未知世界的探究是不需要考虑全面性和准确性的，孩子喜欢什么就让他们研究什么，也不要在乎是否找到答案，以孩子的理解水平来探究就可以。

误区四："研究了这么久，也没见你研究出什么结果啊。"
在探究过程中，当孩子表现得力不从心时，家长反而比孩子还急躁。探究是个综合学习的过程，一开始孩子往往会异想天开，同时对结果期望过高，最后常常事与愿违，甚至半途而废。这个时候，家长不能急躁，更不能加以言语讽刺，而是要鼓励孩子大胆探究的精神。当然，如果家长能做孩子的帮手，接着和孩子一起探究，这样不仅能让孩子感受到特别的亲情，更能激发孩子持续探究的热情。

说给家长听的真心话：

锦囊10：尊重、呵护孩子的好奇心

1. 孩子对科学天生就有兴趣。家长对孩子探究行为的态度才是科学精神培养的关键所在。
2. 好奇心是与生俱来的。儿童对周围的一切都充满了好奇心，并且极富想象力，而这正是科学家从事科学研究的动机和必要的素质。好奇、好问是科学发现的动力，好动、好玩是技术发明的基础。
3. 尊重孩子"天马行空"的提问，静下心来聆听，不管孩子说得有没有道理，都要给予及时的鼓励。只有你不停地夸赞孩子说得好，孩子才会再发现、再表达、再交流。
4. 陪孩子一起寻找答案是最好的鼓励。孩子不停地追问，有时是为了吸引父母的关注，千万不要粗暴地打断他们。

小胖墩、小"四眼"怎么越来越多？
没有不适合的运动，只有不合适的装备

访谈嘉宾： 杭州云谷幼儿园总园长 蔡伟玲

> 一位医生朋友告诉我这样一个事实：现在低龄孩子患高血压、糖尿病等，都时有发生。幼儿园里戴眼镜的小朋友比例也在逐年提升，以至于近视防控现在都成了一项全国范围的教育治理行动了。
>
> 小胖墩、小"四眼"为啥越来越多？我觉得主要原因还在于孩子缺乏足够的运动，大部分孩子在家里过着饭来张口、衣来伸手的生活。平时除了上学，打电脑、玩手机成了他们的最爱。尤其是节假日，孩子喜欢"宅"在家里，成了典型的"小宅男""小宅女"。

运动对孩子身心健康的积极作用是毋庸置疑的，也一直被公众认可。但认可归认可，事实上现在的中国家庭对运动的重视程度还是十分不足，很多时候，出于安全考虑，或者家长的过度保护心理，幼儿期的孩子运动量并不能保持在一个较高的水平上。

现在越来越多的脑科学研究发现，运动其实也是可以改造人的大脑的。知名学者洪兰教授曾经说过，当人在运动时，会刺激多巴胺、血清紧张素、去甲肾上腺素这样的神经传导物质分泌，而这些正是促使神经连接的关键。

运动会使大脑加速运转，他们曾经以老鼠为实验对象开展研究，结果显示有运动的老鼠负责记忆的海马体比没有运动的老鼠大了15%，重了9%，神经细胞的突触增加了25%。

所以我在幼儿园一直提倡并引导家长，**一定要给幼儿创造各种运动的机会、条件，保证孩子拥有足够的运动时间。**要知道，幼儿期是孩子运动发展和运动习惯养成的关键期。在云谷就有一句话：运动应该是自然而然发生的，我们要**让运动成为孩子的生活方式。**

我经常和我们的老师聊一个话题，你看孩子们在骑车（无论是两个轮胎还是三个轮胎的车）的时候，有多么疯狂，我甚至用上了"疯狂"这两个字。他们在场地上自由自在，拐弯、上坡，都是游刃有余，真是风一样的孩子。他们是怎么做到的？他们在运动的过程中一定探究过，可能也摔过无数次跤。但只要我们提供足够安全的装备，他们就一定能收获很多的运动经验。比如，怎么控制速度、怎么保持方向、怎么控制车龙头可以确保拐弯的时候人不摔倒，等等，这也是一种很好的经验习得。

在云谷，还有一个原则就是：选择什么运动、怎么运动，都是孩子说了算。我只要求我们老师一件事，就是确保孩子的安全，装备必须到位，甚至要武装到牙齿。但绝不能去强制命令说，来宝贝！你得这样玩，独轮车必须得拿来骑！

为什么？为什么独轮车只能用来骑？可不可以拿来推？

或者拿来当举重器?还有没有其他的可能性?当老师们放手了以后,我们发现孩子带给我们太多惊奇,各种出乎想象的玩法也带来了无限惊喜。

所以我常说,成人永远玩不过孩子,他们可太聪明了!因为成人有太多的束缚,这种玩法"不可以";那样玩"太幼稚"。当然,这里有个最基本的前提,就是我们要培养孩子们的安全意识,并提供足够安全的设施,有些东西比如锋利的刀绝对不能碰,有些地方比如野外的水塘绝对不可以去,有些物件要去判断一下有没有危险,但怎么判断最好还是孩子说了算,家长在旁边观察和指导。

我们还倡导,**孩子天天要运动,没有不适合的天气,只有不合适的装备**。下雨天,我们的孩子依然在外面开展各种游戏和运动。我们后来发现,越是雨天,孩子越是能得到更多不一样的运动体验。孩子们常常兴奋地向我们反馈:同样是滑滑梯,一到下雨天更顺滑了;地面有水坑,踩起来更带劲了,不同的踩法还会发出不同的声音,太美妙了;滑竿也更光滑了,因为有水珠在上面,所以需要抓得更紧一些……孩子的反馈说明了什么?说明**他们在运动中学习,在探究怎么让自己玩得更安全、更欢乐,怎么让自己变得更敏捷,这是运动带来的更深层次的意义。**

为了给孩子提供一种更加开放、更加合作的运动思路,我们还强调，**在运动的过程当中，大家一起玩才更好玩，因为每个小朋友都有自己的玩法。**这其实也是从孩子最喜爱的运动入手，为孩子今后的思维方式奠基。在大多数时候，每个人都有一定的局限性，这种局限性可能是个人爱好的束缚带来的，也可能是思维特质差异的束缚带来的，在一个群体中一起运动一起游戏，你会发现不同的小伙伴对同一项运动都有大量不同于自己的想法，这就是所谓的多向思维，即看到多种可能性。这样的思维养成对孩子今后的个人成长是有所裨益的。

说给家长听的真心话：

锦囊 11：对运动的理解不要功利化

1. 0—6 岁孩子的养育，是为了在习惯、思维、生活方式和行为方式等方面为孩子打下人生的基石，而不是为了以后能上一个比较好的小学。
2. 在确保安全的前提下，孩子想参与的一切运动都要给予鼓励和支持。
3. 对运动的理解不要功利化，幼儿运动不是竞技体育，更不是培养某种所谓的运动特长，作为上某些名校的敲门砖。
4. 家长和孩子一起多参与一些集体性运动项目，比如足球、户外运动、爬山等。
5. 热爱运动且有着良好运动习惯的孩子，今后的学习能力应该也不会太弱。

孩子被"养坏"多在6岁前？
0—6岁的家庭教育是拐点

访谈嘉宾： 原丽水市家教学会会长、丽水市教育局副局长、
国家二级心理咨询师 蓝献华

> 我一直和家长们说，孩子被"养坏"，多是0—6岁前的家庭教养出了问题。只是他们并不知道，或者不愿意接受，不愿意承认。经常有家长来咨询我，孩子一上小学，怎么什么问题都出现了：注意力不集中、做事丢三落四、作业拖拉、重复犯同一个错误、不负责任、和同学起冲突……其实，这些让家长头疼不已的"毛病"，都是因为6岁前没有做到科学养育而种下的果。

家庭教育可以分为两个阶段：第一阶段，孩子6岁前，叫"培育阶段"；第二阶段，孩子6岁后，叫"修整阶段"。为什么以6岁来划分两个阶段呢？我认为，划分阶段的"节点"，应该是一个"拐点"。什么是"拐点"？通俗地说，就是"一种状态"转变为"另一种状态"的"链接点"。**一个人在成长过程中，有多个"拐点"，而最明显的"拐点"，就是在6岁。** 理由如下：

第一，是孩子大脑发育的原因。 脑科学告诉我们，6岁儿童大脑的重量与成人大脑的重量已经很接近了，6岁前的儿童，大脑神经元的数量也已经达到最高值。可见，孩子到了6

岁，大脑这个"仓库"（大脑的容积和结构）已经初步建好了，而且还在里头储存了大量的内容。

孩子6岁后的"再受教育"和"参与劳动"，就相当于从大脑这个"仓库""输入"或"提取"信息，但"仓库"的容积和结构是基本不变了。

6岁后的任务，就是用"信息"把"仓库"装得满一点，排列得更有序一些。

第二，是教育形态的原因。 许多家长对"教育"这个词，往往理解得不够准确。其实，**"教育"是由"教"和"育"两部分组成的。6岁前的孩子，以"育"为主，以"教"为辅，这并不像有的人说的那样：6岁前的孩子什么都不懂，没法教育。事实是，6岁前的孩子，是通过"育"来达成教育目标的。**

正是这个原因，6岁前的孩子，主要接受的是"非标准化的教育"。这种教育很少有显性的教育目标、大纲、教材、教师、教室、讲授、班级、作业等"教"的内容，而是随时随地开展隐性的熏陶、养育、榜样、模仿等"育"的活动。

6岁后的孩子，才开始接受"标准化的教育"（从小学开始）。这种"教育形态"的转折，也说明6岁是个"拐点"。

第三，很多最重要的教育都在这个阶段发生。

首先是关键期的教育。科学家已经发现了近40个儿童教育的关键期，而这些关键期多数都发生在孩子6岁前。若没有抓住孩子6岁前的关键期教育机会，孩子今后的成长就会遭受难以弥补的损失。比如：0—3岁的亲情关键期，1—3岁的秩序感关键期，1—6岁的语言关键期……在这些关键期的教育是否科学到位，将对孩子的人生命运产生重大影响。

其次，是品格的教育。一些特别重要的品格会对人生的质量产生关键影响，如人格、性格、习惯、三观等。等孩子6岁时，这些品格就基本上被养成并定型，6岁后只是修修补补，不太可能再有大的改变。换句话说，**决定孩子一生成就、幸福的主要因素，在6岁时已经被基本确定了。**

最后，是知识积累。有科学家认为，孩子到了6岁，生存、生活的知识和技能已经掌握了90%以上。大家觉得这不可信，是因为我们对"知识"的理解普遍有偏颇。

其实，知识有两种，一种叫显性知识，就是系统化的、可用文字表达的知识；一种叫缄默知识，也就是不能系统化表达、不易言传的知识。比如，孩子认识了"红色"，说明孩子已经掌握了"红色"的缄默知识（与生存和生活密切相关的知识）；孩子知道了"红色"的光波长度为660纳米，说明孩子已经掌握了"红色"的显性知识（与将来从事某方面科研相关的知识）。

两种知识中，缄默知识的数量要大得多，与生存和生活的关系也密切得多。孩子6岁时，一生所要用到的缄默知识，几乎都学完了，只是学得好不好，孩子之间的差异比较大。比如6岁孩子，一看妈妈的脸就知道妈妈是高兴还是生气；6岁的孩子，遇上一个问题，就已经能进行直觉判断了。但判断正确率的高低，取决于孩子所掌握的缄默知识的质量高低。

因此，根据儿童成长各个时期的特点，我们把"6岁前"的教育叫作"培育阶段"，也可以叫作"塑型阶段""预防阶段"。我们把"6岁后"的教育叫作"修整阶段"，也可以叫作"固化阶段""救治阶段"。

在6岁前，孩子的许多素质多数是通过家长的培育，经历了从"无"到"有"的阶段，比如从"不会走"到"会走"，从"不会说"到"会说"，从"无习惯"到"有习惯"……而且，孩子到了6岁，许多的"有"，都已初步"定型"了："语感"初步定型了，"习惯"初步定型了，"性格"初步定型了，等等。6岁前的孩子，他们的"定型"犹如混凝土的"潮湿期"，相对还比较容易改变。有科学家认为，让孩子改变一个习惯，幼儿需要1周，小学生需要1个月，中学生需要3个月，大学生需要3年。

另外，**6岁前的孩子若有"问题"，多数是"行为症状"，6岁后就会慢慢转化为"心身疾病"（由心理而引发的疾病）。**已有调查证明，人的所有疾病中，"心身疾病"约占90%，"身心疾病"约占10%。

要想使孩子少得各种"心身疾病",就得在孩子"6岁前"做好预防工作。作为家长,首先要尽量不让孩子得"心身疾病",若是孩子"病"了,一方面,想通过治疗痊愈很难;另一方面,"治疗"的成本比"预防"的成本不知道要高出多少倍。

作为家长,要充分认识到以下三点:

第一,**你若真有决心把孩子教育优秀,就得把教育孩子的多数时间和精力,花在孩子6岁之前**(比如加强早期陪伴等),即使想省心省力点,也要等到孩子6岁之后。

第二,**投资孩子"6岁前"比"6岁后"要有效益得多,而且一般情况下越靠近0岁越有效。**

有教育经济学家研究表明,投资6岁前儿童1元钱,将来可回报7元;投资6岁后儿童1元钱,将来可回报3元;投资大学生1元钱,将来可回报1元钱。所以,为了孩子成长得更好,家长在孩子早期教育上,要舍得花钱。

第三,**家长能做好的家庭教育核心是"培育孩子",这基本上要在孩子6岁前完成**。如果等孩子6岁后,家长才学会这些"培育"知识,那就为时已晚,多数用不上了。而6岁后的"救治"知识是一门相当专业的学问,家长是很难学会的。对于孩子的"救治"工作,一般要在"家教指导师"(或"心理咨询师")的帮助下进行,所以,"救治"知识(比如如何帮助孩子戒除网瘾等)并不是家长学习的重点。

教育
理想
说

说给家长听的真心话：

锦囊12：家庭教育的"预防"比"救治"更重要

1. 孩子教育"6岁前"比"6岁后"重要得多，而且，一般情况下越靠近0岁越重要。

2. 家长学习科学家教知识的时间，要集中在孩子6岁前，更好是在孩子3岁前，最好是在孩子出生前（或怀孕前）。

3. 家教的重要作用其实主要在孩子6岁前起效，之后均为补课或救治。

4. 正如现在迅猛发展的"预防医学"和"健康医学"，现代医学不仅在继续研究"如何治病"的问题，还加强了对"防止得病"和"保障健康"问题的研究。家庭教育也是如此，家长应该多研究多学习孩子0—6岁阶段预防问题发生的家庭教育模式，而不是救治模式。

孩子没记忆，教育有什么用？
6 岁前，养育孩子的 3 个重点

访谈嘉宾： 原杭州市教育局副局长、心向阳家长学校校长 蒋莉

> 0—3 岁的孩子，各种能力都处于零或者低水平状态，对这个世界的认知也是懵懵懂懂，而且在长大后，大部分孩子对前三年几乎没有任何记忆。但这看似最没有用的、完全不留痕迹的头 6 年其实特别重要，而且家庭教育中犯下的每一个错误都会在今后产生显性的后果。

0—6 岁孩子的养育，真的很简单吗？其实未必。相反，我认为这一阶段的养育，恰恰是最重要的。我有两个非常简单直接的理由：

第一，3 岁前孩子能否获得足够的安全感，决定了他们将来能否建立自尊和自信、找到自我价值感。 孩子来到这个世界上，周围的一切，包括自己的身体，对他都是陌生的，都是不能够支配和掌控的。

如何做好孩子最初阶段的那个"重要他人"？如何让孩子获得足够的安全感，让他们没有负担地去探索、认识这个世界？如何把握保护和放手的界限……作为养育者，你一个简单的语言习惯，或是潜意识的行为模式，都可能会在孩子的安全感层面，造成负面影响。

安全感意味着孩子对自我感觉良好和满意，并且能尊重和信任他人。**安全感水平高的孩子能遵守规则，有较好的能力和自信应对变化和困难，也敢于表达自己的想法。安全感水平低的孩子容易焦虑，对外界有较强的防范心理，不容易相信他人，有回避社会交往的倾向。**

因此，如果一个孩子在3岁前没有建立足够的安全感，就会影响到他们的自信心、社交，甚至是今后的学习意愿、学习能力。而且，一旦过了人生的头三年，家长很难在孩子的安全感问题上，进行非常有效的弥补。

第二，3岁前的孩子，在学习模式上有其独特性，你如果缺乏充分了解，就会造成破坏。 0—3岁是孩子大脑快速发育的时期。但是如果问一问，这一阶段的孩子，他们的大脑到底是怎样的发展模式，他们的学习模式又是怎样的，很多人是不清楚的。

如果家长理解不了处在这一阶段的孩子图景化的学习模式，不明白身体感受、行动探索才是他们最重要的学习途径，那么限制、管控、说教，必然会成为最主要的养育手段。

孩子会因此失去什么？是难得的学习机会和成长机会！

总结而言，**0—6岁孩子的养育，其实就3个重点：第一养成生活习惯；第二培养自我意识；第三培育社会情感。** 在这三点中，**生活习惯的养成是地基，是重要的基础工程。** 因为生活习惯与安全感建立有关。

在我看来,孩子的安全感最重要的来源,就是过有规律的、稳定的生活,做到该吃饭时吃饭,该睡觉时睡觉,该玩耍时玩耍。孩子的生活是规律的、稳定的,那么他们安全感的建立,一定没有问题。

生活习惯与学习习惯有关。生活习惯好的孩子,学习习惯基本都不会太差。因为无论生活习惯还是学习习惯,其实都属于行为习惯,生活习惯好的孩子,面对学习的时候,不太会磨蹭,也愿意接受挑战。良好的生活习惯,其实是会迁移到学习上的。

关于第二、第三个养育重点,则可以看作同一个问题的两个不同层面——自我意识是基础,社会情感是循着自我意识不断发展、逐步建构起来的。

自我意识的发展和成形,是儿童发展最主要的一条脉络。但很多家长对孩子自我意识的发展是后知后觉的,"2 岁的孩子为什么喜欢和大人唱反调""4 岁的孩子为什么输不起"等这些让人费解的现象,其实都与孩子自我意识的觉醒高度相关。

家长如果把这些行为理解成是孩子不听话的表现,批评孩子、要求孩子,甚至是强制管控他们,那么,孩子可能就要花更长的时间去建立自我意识,甚至,极有可能难以找到那个真正的自我。迟迟找不到自我的孩子,在进入幼儿园和小学后，还会面临更多的社交问题，也就是说，社会情感方面可能会遭遇更多的困扰。

因为不了解，0—6岁孩子的家长在养育观念和养育行为上经常会在不经意间犯一些错误。我总结了以下几点供家长观照自身。

一是睡眠习惯方面，有些家长爱"双标"。睡眠习惯不好的孩子，上小学后，更难适应学校生活。这是我以前担任一所小学校长时观察到的一个现象。

孩子睡得晚起不来，早上被家长各种催，甚至一大早还会被家长骂一顿，由此产生的负面情绪带到学校，可能会影响他们一整天的心情。最后表现出来的就是上课注意力不集中、学习跟不上，或者是丢三落四、伙伴关系出问题。这些很可能都是睡眠习惯不好带来的直接后果，但在孩子6岁前，家长的感受不是很明显，即使有困扰也很轻微。

在孩子睡眠习惯培养上，有的家长其实是"双标"的：嘴巴上要求孩子早睡早起，但自己却是个不折不扣的"夜猫子"，在这种"双标"的环境下，孩子的睡眠习惯，只会跟着越变越差。

二是在饮食习惯培养上，有以下三个错误方式需要家长引起注意。

1. 孩子没有固定用餐位置。孩子从6个月开始吃辅食，家长没有给孩子准备专门的餐椅，要么爸爸抱着、妈妈来喂，要么妈妈抱着、外婆喂,而且喂饭的场地也是流动的,有时候在餐厅、有时候在客厅。

这么一来,孩子的脑子里建立不起一种习惯,什么时候吃饭、在哪里吃饭,他们都没有概念。等孩子活动能力强了,会爬会走了,此时家长才会发现:糟了,孩子吃饭时坐不住!

2. 没有实现从"给孩子吃"到"孩子要吃"的良好过渡。孩子从喝奶到辅食阶段,多半都是由家长给着吃。但是孩子一岁以后,虽然多半还是在吃辅食,但是进食的模式不应该继续是家长喂孩子被动吃,而应该尽量引导他们,学会向家长要食物吃。

这就要求家长,用心观察和发现孩子的需求,不要总是以"填塞"的方式去喂养。比如吃的时候可以提供多样化的食物选择,问他们想吃哪一种,不要担心一岁的孩子听不懂家长的问题,即使不会说,他们也会用动作、表情、声音,把他们的需求反馈给家长。

3. 在零食问题上过于严苛。零食往往会影响正餐,所以家长对此比较谨慎,有的家长甚至产生一种执念:孩子还小,一点零食都不能碰,必须完全杜绝!但太多的案例都在告诉我们:在零食问题上,越是限制孩子,结果反而适得其反。

怎么办?我认为家长要做好两件事:

第一件事是在孩子发现零食这块"新大陆"之前,一定

要先让他们爱上吃饭。 孩子一旦先爱上吃饭，零食上瘾的可能性就会大大降低。我们家的做法是，在我外孙兜兜还很小的时候，就坚持每周带他去菜市场，兜兜喜欢菜市场，也喜欢各种蔬菜，所以对吃饭这件事一直都是比较有热情，偏食、挑食这些毛病，他身上基本都没有。

第二件事是要把握好零食出现在孩子面前的时间点。 孩子什么时候可以看见零食，这个很重要。正餐前让孩子看到零食，孩子可能就要吃，这样就影响正餐进食。但如果是下午三四点左右，两块小饼干，一颗糖，孩子吃了也就吃了，是不太会影响到晚饭进食的。

在自我意识和社会情感培育这两个重点上，我认为家长最大的问题就是不放手。对2岁前的孩子来说，最大的诱惑可能就来自食物，而2岁后就完全不一样了，他们开始关注"吃"这一本能之外的许多事物，也有了更多的想法，什么事情都想要去试一试。

但现在很多家长，内心不相信孩子的能力，所以对孩子的需求和自我意识，没有太多的感觉，总觉得孩子弱小，能力不足，是需要被照顾和保护的。

一旦家长有了这样的想法，**养育孩子的时候，就会犯不放手的毛病。** 孩子可以自己吃饭了，家长却坚持要喂；孩子会爬了，家长却总喜欢抱着。

说给家长听的真心话：
锦囊 13：对孩子多放手、少管控

1. 与孩子建立良好的关系。让孩子从良好的亲子关系中获得很大的价值感，知道自己是"被爱的""被理解的"，而这些又体现在许多家长与孩子交往的细节中。比如，家长是不是经常带工作回家，却把孩子冷落在一旁？家长是否会耐心听孩子把话说完，而不是打断他们或是帮他们说完？孩子喜欢的玩具，家长是否也喜欢它、尊重它，而不是随意把它丢在一边？孩子很敏感，能从这些细节中感受到许多信息。

2. 当孩子的"庇护所"。在他们探索外部世界遇到困难时，这个庇护所可以给他们安全感和归属感。

3. 帮助孩子正确认识自己。因为能力欠缺，孩子往往做不好一些事情并因此否认自己，需要家长帮助他们发现和纠正错误的认识和评价，为自己树立恰当的标准和目标。

4. 管住你的"手"和"嘴"。做到多放手、少管控；多赞赏、少打压；多鼓励、少阻挠。

教育理想说

要上小学了，孩子啥也不会咋办？
幼小衔接不是知识衔接

访谈嘉宾： 浙江省特级教师、义乌市实验小学教育集团总校长 杨凯明

> 经常会有家长来问我，孩子要上小学了，有没有什么好的幼小衔接班推荐？甚至，有部分家长会在大班时期，就把孩子转到外面的幼小衔接培训机构接受所谓的系统衔接教育。我知道，家长们口中的"好的"幼小衔接教育，其实就是在机构里提前学一些心算、计算知识，或者提前让孩子学一学标音、认字、英语发音等。如果啥都没"衔接"，家长就会很焦虑：我孩子字也不认识，10以内的加减法也不会，上了小学会不会跟不上班级进度？

说到幼小衔接，很多家长都会觉得它是一个相对短暂和独立的阶段，也是一个让孩子提前学拼音、计算的过程，这种观点显然是不科学的。

对于学校教育来说，幼小衔接，应该是幼儿园和小学基于一个目标双向奔赴的过程，这个过程是自然而然发生的；而对于家长来说，真正的幼小衔接应该是从出生就开始的。

从幼儿园入学起，衔接就应该在无形中得到落实，并贯穿整个幼儿园三年教育的全过程。良好生活习惯的养成、综合学习能力的培养以及积极的情绪体验是衔接的重点。孩子在每个阶段培养的目标因年龄不同、生理发展不同，也各有

侧重。小班阶段，重在培养幼儿健康的体魄、积极的态度和良好的习惯；大班幼儿即将进入小学，社会交往、自我调控、规则意识、专注坚持是衔接中新的关键目标。

但以上说法，对于家长而言都是比较空洞的。任何能力和习惯的培养都离不开家长的高质量陪伴。家长要延续孩子在生活中学习、游戏里学习的做法，在玩中学，在学中玩。关注孩子的能力，关注孩子的习惯，关注孩子的体验。

记得儿子在幼儿园大班的那一年暑假，我带他去青海旅游。飞机在西宁曹家堡机场降落的时候，已经是北京时间晚上八点三十分左右。这时儿子指了指手表，问我：

"老爸，我的手表是不是不准了？"

"怎么了？"

"你看，我的手表已经是晚上八点三十分了，可是天还这么亮，表肯定不准了。"

听到儿子的质疑，我抑制住内心的激动，解释道："表是准的。同样是晚上八点三十分，在义乌天已经黑了，但在西宁，太阳还没下山。这是由于时差引起的。"

"什么是时差？"

我更兴奋了！"儿子，等我们回义乌后，老爸买个地球仪跟你解释其中的奥秘。"

在青海旅游半个月，回义乌的时候，我自己已经忘了这件事。但是孩子没有忘记，追着我问什么是"时差"。我特意买了地球仪和手电筒，跟他解释了产生时差的原因，而且这些知识大班的孩子也完全能够理解。

我想，这就是"读万卷书，行万里路"的意义所在。理论上说，这些知识应该在初中的时候才学习，但旅游过程中的经历，激发了孩子的求知欲和学习兴趣，让他在最短的时间内就懂得了关于"时差"的知识。孩子在幼儿时期，只会对自己感兴趣的事物投入精力，如果得到适宜的引导，某一方面的能力就会有一个很好的发展。

作为家长，懂得激发孩子对学习的兴趣和潜能，比懂得教什么和怎么教更重要！

如果一味地硬灌输知识给孩子，反而可能导致孩子厌学、惧学、不会学，所以我们要避免孩子陷入**"未入学、先厌学"**的沼泽。平常在家里，家长可以通过故事和游戏的方式，激发孩子求知的兴趣，了解孩子的兴趣点和特长。在活动中扩充孩子的知识面，培养孩子的探究能力，鼓励孩子多问"为什么"。有的孩子奇思妙想很多，甚至能从身边的事物联想到宇宙，这些天马行空的问题也许会让家长措手不及，恨不得天天背一本百科全书来应对。但如果你拥有一个这样的孩子，那可得恭喜一下自己了。

很多家长想了解，在升入小学前的这个暑假，在家庭教育中具体可以做哪些衔接的渗透？我的建议是：

目标一定要定得小一点，步子也要迈得慢一点。

比如说作息习惯的衔接，小学和幼儿园的作息习惯还是有差别的，家长可以先设定几个小目标，一步一步慢慢来，先培养早起的习惯，然后再培养睡觉的习惯。我们需要把适应的坡度拉长、放缓，让孩子能够在不知不觉中渐入佳境。

还有一个更重要的衔接是心理上的衔接，我们要让孩子对小学的生活充满向往，或者觉得去小学上学是一件很光荣很自豪的事情。这就需要家长经常有意无意地引导孩子去了解小学的生活，体验小学生活的美好。就拿学习这件事来说，主动地学习才有用，被动学习没有用。家长如果过早地开始让孩子进入枯燥的知识学习，很有可能让孩子对小学生活产生恐惧心理。

所以，我们一直强调，幼小衔接绝对不是知识的衔接，更不是小学知识的提前教授，而是生活习惯和一些学习习惯上的提前养成。**这些都不是一时一刻，或者两个月的暑假时间与短期培训就能养成的，而是需要贯穿在孩子0—6岁的全部生活中。**更重要的是，家长要负起主要责任，在高质量陪伴中和孩子一起快快乐乐度过焦虑期，鼓励孩子对未来的学习充满向往，充满期待，避免孩子过早地对学习产生一种厌倦的情绪。

教育
理想说

说给家长听的真心话：

锦囊14：孩子的学习急不来

1. 孩子有一生的时间学习，不需要催他，也不需要急于一时一刻。让孩子保持对学习的兴趣，呵护他们对新鲜事物的好奇心才是最重要的。
2. 早慧儿童确实存在，但也不能因为这少数部分压制大多数普通孩子对学习的向往和期待。
3. 0—6岁的中心任务是抓住孩子不同阶段的敏感期积极培养孩子的各种习惯，但其中并不包括教授知识。
4. 小学倡导零起点教学的目的，就是为了遏制学前教育小学化，0—6岁儿童提前学、重复学的不良倾向。

不断犯错是孩子的问题吗？
不要让犯错止于批评

访谈嘉宾：杭州云谷幼儿园总园长 蔡伟玲

> 经常看到有些家长对着孩子大发雷霆，一问之下，不过是孩子犯了点小错，比如衣服穿不好、鞋子穿反了，或者一再地把水杯打翻在地，诸如此类。而孩子老是撒谎、不诚实，更是让家长担心不已。我想问的是，孩子为什么老是犯错？老犯错难道单纯就是孩子的问题吗？

作为家长，我们该如何去正确地看待孩子犯错这件事？首先我们需要了解，儿童本身的一个特点，就是想要不断地去尝试，而在尝试的过程当中一定会伴随着犯错。

犯错，是孩子告别不足、走向正确的必经之路。

没有尝试何来成功？尝试错误，离成功就不远了。因为只有知道什么是错的，才能知道什么是对的。我们整个人类文明和社会科技的发展，都是在不断的试错过程当中，才找到正确的方向，孩子的学习和成长也是如此。所以，家长一定要理解，**孩子不断犯错是一个正常的状态，要去接受，也应该允许孩子犯错。这是第一。**

第二，如何看待孩子犯错？**犯错其实是一个很好的经验习得的过程，如果让犯错止于批评，那家长就错过了一次很**

好的教育机会。但如果你把犯错当成教育的开始,就会开启一段奇妙的学习之旅。比如一个常见的场景是:一家团聚时,孩子自告奋勇说他来端菜盘。由于孩子肌肉群发展稳定性和平衡能力都还不够,他端着盘子从厨房出来的时候,一不小心把菜和盘子全倒翻了,这个时候你会怎么做?是责怪孩子:这不是你一个小孩子该做的事,你添什么乱?还是安慰孩子:打翻了没关系,我们一起回忆分析一下,刚才是怎么打翻的,是手没力气还是没掌握好平衡?下次怎么端才能不把盘子打翻?大家自己对照一下,你会是其中的哪种家长呢?

对于孩子来说,在做错事情时,他们首先肯定是紧张的,如果身处一个容错率低的家庭,可能孩子以后什么都不敢去尝试,但如果这个时候家长和孩子一起复盘错误,寻找错误发生的原因,孩子的能力就会慢慢被培养起来。

所以,千万不要认为孩子犯错是一件特别不好、不被允许的事情,当这个世界不允许人犯错的时候,就不会有进步。家长要知道,**我们不能要求孩子完美,但我们可以要求孩子从错误中学习。当孩子犯错时,重要的不是这个错误有多糟糕,或者问责孩子,重要的是,要将错误转换成经验。**

如何正确对待孩子犯错,家长可以这么做:

第一,一定要给孩子尝试的机会。

当孩子要求做某种尝试时,即使家长知道会有许多困难,成功的希望渺茫，也还是应该给他们一次尝试的机会。比如做家务，可能有些家务超出了孩子的能力范围，但家长应该放手让孩子去尝试并学会。

第二，一定要与孩子一起分析错误的原因。

在孩子犯错的时候家长不能"劈头盖脸"就是一顿批评，也不要随便埋怨或者奚落孩子，而是与孩子一起分析复盘过程，思考为什么会犯错，哪个环节需要改正等，帮助孩子从失败和错误中走出来，找到解决问题的方法和战胜困难的自信心。

第三，鼓励孩子，增强孩子不断尝试的自信心。

如果孩子在尝试新事物的过程中犯了错误或遭遇失败，家长应该鼓励孩子再次尝试，让孩子的自信心在不断尝试的过程中得到增强。比如，妈妈在洗碗，孩子想帮忙，却越帮越忙，不是把碗打破了，就是水洒一地，这时妈妈不应过于指责和埋怨孩子，而要耐心地告诉孩子，怎么才能在把碗洗干净的同时不将其摔破。当孩子终于成功洗好一个碗时，一定要及时给予鼓励，让孩子获得成就感。

第四，重视情感沟通。

犯错后孩子往往会自责，这个时候，家长在教育孩子时要入情入理，注意感情上的沟通。可以使用安慰的语言：比如"你已经很努力了""敢于尝试就已经很棒了"，等等；

理解的姿态：比如拥抱，安抚等，千万不要空洞说教甚至嘲讽，以致让孩子失去尝试的动力。

第五，不妨和孩子分享一下自己小时候犯错的故事。

每个人在成长过程中都必然会犯错，向孩子讲述你自己曾经的过失，以及后来你是用怎样的办法避免再犯的。让孩子知道原来家长也是在犯错中长大的，犯错是被允许的，只要及时认识到错误所在，并改正过来就可以。这样一来，孩子就不会害怕犯错，更不害怕尝试。

第六，对于孩子的错误，家长也要进行甄别。

一些涉及原则和底线的错误，比如不尊敬长辈、逃避责任、故意撒谎等，家长要坚定地予以纠正，当然态度必须是温和的，但要求必须明确。家长要积极利用各种机会，比如在讲睡前故事、读优质绘本或者和孩子一起看动画片的时候，向孩子传递一些是非观念和正确价值观。同时以身作则，潜移默化地传递一些道德知识，提高孩子辨别是非的能力和道德水平。

说给家长听的真心话：

锦囊 15：顺其自然，扬长避短

1. 在哪里跌倒，就换个地方爬起来。"天生我材必有用"，每个人都是天才，但如果用爬树的能力来评判一条鱼，它将终其一生认定自己无能。
2. 大脑拥有的资源是有限的，很少有人能得天独厚样样都好，所以我们不必去苛求孩子。家长更应该顺其自然，教会孩子了解自己的长处，接受自己的短处。
3. 重要的是具备什么能力，而非缺乏什么能力。
4. 用欣赏的眼光去看孩子，你会看到他们的长处而不是缺点。

教育理想说

如何培养人见人爱的高情商孩子？
情商要在 6 岁前奠基

访谈嘉宾： 广东碧桂园实验学校总校长 陈钱林

> 生活中常见的"熊孩子"行为，一般包括胆小、不自信、缺乏责任感、没有感恩心、把别人的善意都当作理所当然，等等。其实这些都是孩子情商不高的表现。孩子情商不高是日积月累的结果，如果家长在孩子 6 岁前没有做好言传身教，没有发挥应有的榜样作用，那么很难培养出人见人爱的高情商孩子来。

情商又称情绪智力，主要指人在情绪、情感、意志、挫折耐受等方面的品质。情商的高低反映着情感品质的差异。孩子情商有缺陷，很可能导致他们在未来的生活中不能很好地控制自己的情绪、调节自己的心理、改善自己的人际互动。在我看来，培养高情商孩子的六条秘诀是：

一、自信常从鼓励来——你就站在宇宙的中心

培养情商，首先要培养自信心，人特别容易被自己打败，一旦失去自信，还能有什么作为？孩子需要鼓励，如果家长老是打击孩子，孩子就很难建立起自信。孩子小时候犯错难免，如果错误不严重，或者孩子自己已有反省，家长就不要再教育了。

二、培养感恩的孩子从孝敬长辈开始

孩子如果不孝顺自己的长辈，感恩他人就无从谈起。感恩教育，不需要什么特别的形式，我不太赞成孩子为家长洗脚之类的形式主义的做法，这样容易让孩子反感。家长自己首先做一个孝敬父母和长辈的人，引导他们在大人有困难或生病的时候表达关心。感恩需要表达，长辈过生日或情绪不好的时候，孩子都可以表达关心。我平时遇到了什么困难，也选择与孩子一起讨论，孩子虽小，但也具备共情能力。

三、加强平常心与志向教育

家长要通过鼓励，让孩子对未来充满期待。没有哪个孩子是不求上进的，家长要看到孩子在为人处世、兴趣爱好方面的进取心，要从孩子的兴趣追求中发现其潜能。**当家长放大了孩子的闪光点，孩子就会表现得更阳光和上进。**在我看来，**志向教育可能比智力教育更重要。**家长不要急于否定孩子的志向，家庭教育的目标在于让孩子做梦，帮孩子追梦，但不要执着于是否能圆梦。

孩子的志向会不断变化，有时候会有许多不同的志向。其实，志向不分好坏，即使是看起来不够高远的志向，只要孩子喜欢，家长不妨先鼓励。家庭教育要以志向激发孩子的动力，而不是对孩子的志向判断好与坏。一些家长很现实，当孩子说长大想当司机时，家长往往会嗤之以鼻，打击孩子：

"一点志气也没有，竟然想当司机。"当孩子志向远大时，又直接泼冷水："做科学家？这些是别人家的事，你不要多想。"这是非常错误的行为。

打击梦想，会对孩子的成长造成负面影响！

四、培养责任担当，首先要尽到对家庭成员的责任

谁碰到困难了，生病了，都应主动表达关心，上学前、回家后都要向家人打招呼，这是我对我的两个孩子的要求。我若晚上回家迟，一定会提前打电话告诉孩子；出差时，什么时候上飞机、住什么酒店，都会及时告诉孩子并报平安。这些做法看似事小，却既能向孩子传递亲情，又表现出避免让家人牵挂的一种责任感。

做力所能及的事，这是孩子应具备的基本的责任心。

孩子吃饭后，要自己将饭碗放进洗碗池；吃饭时饭粒掉地上，要自己捡起来。"我自己做，自己做"是孩子在幼儿期经常会说的一句话。吃饭、穿衣、拖地，什么事情孩子都想尝试，什么事情他们都想自己独立完成。这时候，家长千万不要以弄脏衣服、慢、效率低等理由阻止孩子，否则会妨碍孩子独立性的成长。比如，我的两个孩子有睡觉前洗脚的习惯，很小的时候就自己打水，虽然我看到他们吃力地端着洗脚水，走得摇摇晃晃，也没有让他们停下来。有几次洗脚水洒一地，我就让他们自己拖地，不管拖得是否干净都要表扬，如此一来他们就变得更爱独立做事情了。

五、培养有主见、不盲从的孩子

孩子听大人的话原本没错，但不能让孩子事事盲从，太听话的孩子可能会缺乏独立自主性。我常引导孩子：对于他人讲的话，要学会分析话语背后的道理而不盲从。我有时故意说些怪怪的话让孩子去分析，孩子们会说"这想法太差了"或"爸爸的话也有点道理，但不适合我"。带孩子出去玩，也习惯于先让孩子谈谈外出的计划，对于他们的计划，我一般给予表扬，并支持孩子按照既定计划办。他们有了计划的意识，并发展了计划能力，也会变得越来越有主见。

此外，我常与孩子讨论一些有关公共意识的现象，比如在公共场合大声打手机，随意插队，一边走一边嗑瓜子等。有一次孩子用力将门往外推，被我叫住了。因为如果走廊上正好有小朋友跑过，这样容易出安全事故。开关车门也是一样的道理。这不是小题大做，这些细节，正是培育良好情商的关键点。还有一次我们外出时看到人行道上停着一辆汽车，我就借机和孩子讨论，车主没地方停车自然是困难，但把车停在人行道上，就把自己的困难变成了更多人的困难。

六、适时培养孩子的自控力

儿童早期自我控制能力有几个重要发展阶段：从出生到3岁，儿童没有能力控制好自己的情绪和行为，大多数时候需要家长和保育者的帮助。3—6岁，儿童自我控制的多个方面都逐渐发展起来，如控制情绪、转移注意力和等待奖励。

25—30个月，使用语言代替动作来表达需求是这个阶段的孩子自我控制发展的一大特征。他们不仅学着用"说"来表达自己要什么，也学着用"说"来指导自己的行为，如爬楼梯时会一次次地强调"要小心，要小心"，在这一时期，家长要多鼓励、表扬孩子，促进他们良好行为和能力的发展。

31—36个月，这个阶段的孩子对等待、未来有一定的理解，也具有了一定水平的预见能力，如在排队的时候，他们可以预见自己终究会排到。尽管如此，家长还是得跟他们强调要耐心等待。另外，这个阶段的孩子已开始发展同理心，家长可以引导孩子学会换位思考。

3—6岁，这是孩子自我控制能力发展的重要时期，他们渐渐懂得约束自己的行为。特别是随着年龄增长，为了得到同伴的认同，获得友谊，他们也会有意识地控制自己的行为。然而，这些发展大多还依赖于对教师和家长行为的观察和模仿。所以，家长一定要做出好的榜样。

说给家长听的真心话：

锦囊 16：关注孩子情绪状态，发展孩子自控能力

1. 家长平时要控制好自己的情绪。如果孩子一做错事，家长就将孩子训斥一通，还怎么要求孩子学会心平气和地表达内心的想法和感受？
2. 要和孩子一起确立并坚持一些原则。
3. 及时褒奖孩子的好行为。当孩子表现出良好的自控能力时，父母应及时给孩子反馈。
4. 在生活常规中发展孩子的自控能力。例如，有的孩子醒得比父母早，家长就得要求孩子保持安静，不打扰到父母的睡眠。
5. 可以设置家庭小小宣泄区。在家中划定一个区域，可以是大人能随时看到的安全的小角落，或是一小面墙，并与孩子一起布置，作为孩子的宣泄区。当孩子有情绪或是有心事的时候，可以安静地待着，可以哭，也可以在墙上画画。

教育理想说

"熊孩子"背后一定有位"熊家长"?
模仿是孩子社会学习的主要途径

访谈嘉宾：浙江师范大学幼教集团总园长、正高级教师 胡瑛

> 孩子在高铁上大吵大闹，你好言相劝，他家人反倒呵斥：又不是吵你，关你什么事？
>
> 亲戚的孩子嚷嚷着要看你新买的电子产品，你怕他弄坏，结果他家长来一句：给小孩子玩一下怎么了？怎么还和孩子一般见识？
>
> 游乐场排长队，年轻女生向家长反馈其孩子行为不当，母亲没有教育儿子，反倒在公众场合对女生大吼大叫。
>
> ……
>
> 每个"熊孩子"背后，都有一个"熊家长"在给他们摇旗助威。"熊孩子"让我们咬牙切齿，但是非颠倒的"熊家长"更让我们愤懑不平。

为什么人们常说"熊孩子"的背后也许有位"熊家长"呢？因为，模仿是幼儿社会学习的主要途径，幼儿的动作、语言、技能以及行为习惯、人格品质的形成和发展都离不开模仿。而家庭是孩子自幼学习角色观念、形成角色意识、模仿角色行为的重要场所。家长是孩子的第一任"老师"，子女最初是在家里模仿家长，进而模仿其他人的行为。

所以，家长的一言一行都会深刻地影响孩子的人生观、世界观、价值观以及他们的行为。孩子如同一张白纸，这张

白纸上到底是美丽的图画，还是杂乱的涂鸦，很大程度取决于家长的素养。有句话说得很有道理："从孩子的行为中可以看出其父母的品行。"

观察并模仿榜样（最早就是父母）是幼儿的天性，也是一种重要的学习手段。因此，在0—6岁儿童的家庭里，家长的言传身教才会如此重要和关键。

父爱是孩子性格品质形成的重要源泉。父亲角色的缺位会让男孩缺乏角色认同感和男性特征，甚至出现男孩女性化现象，也会让女孩变得软弱，缺乏独立性。

我们常对孩子说你要勇敢，你要坚强，**但勇敢和坚强不是他们想做就能做到的，这一定是在长期的教育和体验中才会自然形成的品质。**而父亲的带动对于孩子形成坚毅、勇敢的品质具有积极的意义。所以，在一个家庭里，在孩子品质形成的敏感期，一定要发挥好父亲的角色和作用。具体可以怎么做？

首先从行动上打好"配合战"。一方面和母亲做好配合。比如：可以由父亲主导体育锻炼、外出游玩等活动；同时，父亲要善于挖掘自身职业的积极影响，给予幼儿正确的方向指引；父亲还可以以周或日为单位和母亲划分各自主要带娃的时间。另一方面，可以以好友、同事或邻居为依托，建立"爸爸教育联盟"。像我们幼儿园就会经常组织爸爸篮球赛、爸爸故事会、九溪丛林大冒险等丰富多样的亲子教育活动，通过这样的氛围共同学习，父亲之间能够充分交流育儿经验，也能与孩子增进亲子间感情。

再次，要做孩子的榜样，这对培养亲情很重要，同时还要避免"隐性失陪"现象——人在孩子身边却心不在焉。 要么自顾自玩手机，要么忙自己的工作，对孩子爱搭不理。亲子沟通具有累积效应，家长始终应该与孩子保持良性互动，坚持成为与他们并肩而行的朋友。做好高质量陪伴，关注孩子成长的过程，关注孩子的真实需求。**树立孩子的榜样，家长要引导孩子进行有选择性的模仿。** 信息时代，海量的儿童书籍、动画片、电子产品充斥在孩子周围。家长要做孩子的第一把关人，引导孩子选择接触积极健康的内容，模仿正向的事迹，习得正确的行为。如果发现孩子模仿一些负面形象，家长一定要耐心而坚决地进行纠正教育，切忌对孩子大吼大叫，否则只会适得其反。

树立孩子的榜样，智慧的家长还应懂得相机而教，寓教于日常生活之中、潜移默化之中。 "相机而教"是一种教育智慧，它强调的是将热忱和智慧结合起来，在家庭教育中抓住最能触及人的心灵、震撼人的情感的特定环境，以此激发孩子学习兴趣，让孩子产生一种强烈的情绪体验，从而在心灵深处留下难以磨灭的印记。在日常生活中，家长应自己做有心人，用心观察生活，挖掘亲子教育契机，比如和孩子一起布置温馨的家庭环境、带孩子去采购家具、规划房间等，提升孩子的主人翁意识，用环境影响幼儿的行为和发展。还可以让孩子参与一些力所能及的家务，在锻炼孩子的大小肌肉群发展的同时，增强孩子对家的责任感和归属感。

另外，聪明的家长还要会把握孩子的敏感期。蒙台梭利说过，每个孩子都有一个被光束照亮的窗口期，这就是敏感期。3—6岁孩子会出现各种各样的敏感期，例如动作的敏感期、秩序的敏感期、声音的敏感期、对微小事物产生兴趣等，这些都会让孩子对身边的事物产生浓厚兴趣，也是学习自然发生、相机而教的最好时机。

当然，**家长自身更要为孩子树立正确的榜样。**孩子就是家长行为的镜子，家长是孩子第一个最直接的模仿对象，要想孩子表现出积极正向的行为，形成良好的品质，家长自己一定要十分注意日常生活中的一言一行。家长有好的生活习惯和学习习惯，孩子就能形成好的生活习惯；家长有良好的修养、良好的待人处世之道，孩子也会彬彬有礼，温文尔雅。

教育理想说

说给家长听的真心话：

锦囊17：鼓励孩子在模仿中创新

1. 孩子的模仿具有盲目性，往往看到什么就模仿什么，家长要做孩子模仿的第一把关人。
2. 帮助和鼓励孩子在模仿中创新。孩子在模仿的同时，也在理解。以语言发展为例，孩子并不是先听到人们说话，然后才能说出同样的话。实际上，孩子通过听觉的发展，逐渐地积累和模仿学习音符、音节和词语。孩子会逐渐意识到语言与事物的联系，然后开始运用语言来表达自我。
3. 给孩子创造模仿的机会和条件。家长通过讲故事的方式，让孩子了解某个积极、正面的榜样，然后在生活中有意创造一些情境，让孩子来模仿榜样的行为，强化孩子的正向行为。
4. 家长教育孩子时所提的要求、观点应保持统一。尤其是在面对孩子的不良行为或者不合理诉求时，家长双方应做出一致反应。家长如果一个严、一个宠，那么孩子的任性会愈演愈烈，而且很难纠正。

对数的初步概念是怎么形成的？
数学启蒙不等于学前奥数训练

访谈嘉宾： 浙江省特级教师、义乌市实验小学教育集团总校长 杨凯明

> 有一次，一位家长既兴奋又得意地和我说："我家小宝已经能数到100了！"那时我不禁想问：她家小宝未满四岁，莫非真是神童啊？事实真是如此吗？我对小宝说："你数给老师听听。"果然，她能一口气从1数到100，妈妈的脸上露出骄傲的神情。然后，我从办公桌上抓出十来颗糖果，对小宝说："来，数一数老师手里有几块糖啊？"小宝东点一下，西点一下，胡乱数着，最后说："8块！"她妈妈呆住了。这是怎么回事？

这个故事其实反映了幼儿对数的初步概念：认识到它是怎么形成的，又有怎样的特点。幼儿对数的概念的掌握并不仅仅是简单的会数数，而是包括三个方面的指标：第一，幼儿认识到数的实际意义是对事物数量关系的抽象，比如，知道"1"可以指一个苹果，"2"可以指两根手指；第二，认识数的次序，知道自然数列中"左邻右舍"的关系，比如知道3在4的前面、2的后面，3比4要小、比2大等。也能理解"第几"这个概念，比如我手里有五颗糖，让孩子拿出第四颗糖给老师，他能准确地选出来；第三，认识数的组成，即理解自然数是由若干个"1"组成的，它可以以"1"为单

位分解成若干个数。在以上几点中，认识数的实际意义才是幼儿习得数的概念的核心。

数的概念的形成是循序渐进的过程，幼儿并不是一下子就能全面掌握这三个目标的。比如那位四岁不到的小宝能从 1 数到 100，只能说明她的记忆力不错，但并不能表示她理解了数的实际意义，也不能说她的数学能力就优于其他同龄孩子。我不知道她的母亲为了能让她从 1 背到 100 花了多少精力，但我相信很多家长和这位母亲一样，**把数数等同于数学能力、等同于数学成绩的优劣，但这是完全不科学的，家长也完全没有必要这么做！** 因为，正常的孩子都会慢慢学会数数的，何必急于一时？

数学是人类文化的重要组成部分，数学素养是现代社会每一个公民应该具备的基本素养。"人人学有用的数学""每个人都可以学数学""不同的人学习不同的数学"这是"大众数学"的教育观念，也符合幼儿园阶段数学教育的价值取向。

相比其他学科，儿童的数学能力存在更加明显的个体差异。无论作为教师还是家长，我们都要尊重这种个体差异的存在，不能总拿最高标准或"别人家的孩子"作参照。要让孩子保持学习数学的自信心，激发孩子学习数学的兴趣，允许他们按照自己的步调找寻学习数学的路径，帮助孩子实现数学能力的可持续发展。

所以，数产生于现实世界，建立数的概念是对生活经验进行改造、对现实事物进行抽象的过程，形成概念的核心是"抽象"。

想要孩子扎实地建立起数的概念，抽象的过程一定要符合孩子年龄和心理特征。儿童思维以形象思维为主，可以采取"多元表征"的手段。比如，让孩子在具体情景中理解数的意义。认识2，是从具体的2个人、2朵花抽象出"2"这个数。一般从孩子两岁开始，就可以逐渐引进数字的概念。家长跟孩子一起搭积木时，还可以用手指着积木一块一块数出积木有几层。这样"一块一块地数"能让孩子真正明白数字的含义。此外，还可以引导孩子看电梯显示的楼层，认识积木、绘本上的数字，认识时钟上的时间，等等。帮助孩子建立数的概念，从而增强对于数和数学的兴趣。

研究还表明，在儿童数概念的发展过程中，存在着某些发展速度较快的时期。按一般的发展趋势看，5—6岁是儿童数概念发展的转折点，或称为明显的飞跃期。此时儿童的计数能力、对基数和序数的掌握以及运算水平都呈现出一个飞跃上升的趋势，而教育对这种转折点的出现有着直接的影响。因此，在这一阶段，教师和家长的教育方式、选择的教育内容对幼儿数概念的发展至关重要。

很多家长把数学的启蒙和飞跃发展期的能力培养简单等

同于学前的奥数训练,这种看法其实是很不科学的,对儿童的发展其实也是极其不利的。

数学启蒙的关键,不在于学会几位数的加减法,而在于培养兴趣和思维能力。让孩子对数学产生兴趣,形成数理逻辑能力,最终能够用数学的眼光观察现实世界,用数学的思维思考现实世界,用数学的语言表达现实世界。学前儿童的思维具有感性、具象性的特点,家长和教师应以形象的实物和直观的材料为主,帮助学生扎实地进行"抽象",而学前奥数训练无异于揠苗助长。

作为家长,要重视在生活日常和游戏中培养孩子数学思维。引导孩子尝试用数学的方法解决日常生活中的问题。这实际就是在强调要帮助孩子建立数学抽象化的思维方式,也是学前儿童数学教育的"内核"所在。

数学思维培养要跟生活紧密联系。比如,你的孩子认识人民币吗?会用人民币自己购物吗?知道人民币各个单位之间的联系吗?会认钟表了吗?是否知道24计时法和一般计时法?会认日历表了吗?能否在搭积木的过程中了解形状、位置、大小,等等。家长对这些生活能力掌握的关注,有助于培养孩子的思维方式,让孩子学会怎样学习。

数学思维培养可以采用数学游戏的方式进行。在游戏中,孩子是游戏的主体,游戏的趣味性能使孩子主动地动手动脑,发展思维,培养创造能力。如传统游戏跳格子、捉迷藏,又如数学玩具九连环、鲁班锁、华容道等,都能很好地锻炼学生的数学思维。

在幼儿期打下数学能力的扎实基础其实不复杂,但数学启蒙绝对不意味着教孩子学会运算,更不是学前奥数训练。因为训练免不了反复操练和枯燥记忆,这些有悖于儿童天性的教育方式,一旦超出了儿童的承受能力,只会导致孩子过早丧失对数学学习的兴趣和向往,那就得不偿失了。

教育理想说

说给家长听的真心话：

锦囊18：别让数学学习过早成为孩子的负担

1. 一定要从兴趣入手，帮助孩子形成数的概念。比如孩子喜欢汽车，家长可以教孩子数汽车；孩子喜欢打球，家长可以教孩子数拍球的次数。

2. 家里多配置一些有数字的玩具和数学绘本，例如可以发声的计算器、孩子喜欢的玩具收银台、有数字的积木等，让孩子自己探索玩具上数与数之间的关系。

3. 根据孩子的年龄，循序渐进地培养孩子的数学意识，无须刻意让孩子死记硬背数学的公式，更不要急于求成把孩子放进各种学前奥数培训班、心算培训班等，让数学学习过早地成为孩子的负担。

4. 掌握一个小窍门：让孩子多参与分东西。吃饭的时候，让孩子根据吃饭的人数分碗筷；洗好水果，问孩子有几个人，需要多少份水果；吃蛋糕时，可以问孩子要怎么切才能分给每个人，等等。

怎么说，孩子才会听？
追求有质量的亲子沟通

访谈嘉宾： 浙江省特级教师、衢州市柯城区教育局副局长 余鹂

> 很多家长反映，现在都不知该怎么和孩子说话了。家长也意识到，当下很多亲子冲突和矛盾都源于无效或者失败的沟通。我们为此还专门向衢州市全市家长做了一次关于亲子沟通的调研，发现大多数家长有意愿与孩子进行有效沟通，也知道要注重方式方法和时机，但是就是不知道该如何去和孩子沟通。在沟通这个问题上，家长普遍还是迷茫的，渴望得到专业的指导。

我们总结过当下家长与孩子沟通出现的三种普遍问题：第一种是应付式的。孩子兴高采烈讲幼儿园里发生的事，讲他们认为的新鲜事，家长却只会心不在焉地"哦哦""好好"等应付了事，孩子就觉得家长对他们是不重视的，在家长心中他们是没有地位的，发展到后来就不愿意和家长说话了；第二种更常见，就是家长（尤其是母亲）不断说教和唠叨。孩子眼睛一睁开，就要面临各类提醒和叮嘱，从吃早餐到在校门口说再见的时候，家长还在继续说："要乖""要听老师的话啊"诸如此类，这种情况周而复始，最后只会导致孩子反感，失去和家长交流的欲望。大部分家长还会把这种现

象归结为孩子叛逆，不听话；第三种就是粗暴的大家长式。家长的每一句话都不容置疑、不允许孩子反驳，说话的句式也是命令式的，孩子一开始可能会怕你，但久而久之会逐渐远离你，面都不想见，更不用说沟通了。

有效沟通是亲子关系和谐的前提，也是教育发生的前提，所以家长要好好学习如何追求有质量的沟通。

我这里提几点建议：

第一，家长要注意和孩子建立共同的话语体系和兴趣领域，让孩子与你有话可聊。有话可聊才可能产生高质量的沟通。所以，身为家长，一定要努力全面地了解孩子，他们对哪些方面感兴趣？他们喜欢看什么动画片？他们喜欢的动画片里有哪些人物？他们在哪个领域特别有话说？或者，孩子最常提起的是幼儿园里的哪个同学？……家长都要一一了解。和孩子有了共同的话语才能把话聊起来，家长也才能把即时引导渗透到平时的聊天当中。有的家长也许会问，我孩子爱玩电子游戏，难道我也要去学打游戏吗？为什么不呢？为了和孩子有共同的话语，年轻父母适当地了解或者学习一下孩子感兴趣的电子游戏，然后和孩子约定一个共同的时间一起玩，边玩边聊，同时约定一周内的游玩次数，一天内的游戏时长，有自控又有乐趣，说不定，你的孩子就不会游戏成瘾了。

第二，沟通的时机也很重要。家长要留心观察孩子的情绪，如果孩子今天情绪比较低落，可能你准备好的话题就不适宜和他聊。你首先得关注孩子今天为什么情绪失落，和孩子聊一聊遇到了什么困难，还是碰到了人际交往的问题，在聊的过程中帮助孩子解开心结，化解不良情绪。

第三，多聊聊生活。 为人处世的道理完全可以与生活日常联系起来，将其渗透在平时看似随意的聊天中。不要动不动就问孩子：今天在幼儿园表现得怎么样？有没有得到老师的小红花等，等孩子上了小学，聊天的主要话题就是成绩，这其实从某种程度强化了孩子对学校和学习的负面情绪。

第四，要适时地营造一些良好的沟通氛围。 比如，周末的时候请爷爷奶奶外公外婆一起加入家庭聚会，也可以请朋友的孩子或者孩子班上的同学。人多了，氛围不一样了，你一言我一语就容易形成一个好的氛围，孩子也更容易把话说出来。

其实，家长最可能与孩子沟通的场所就是家里的餐桌上。 吃饭时怎么愉快地和孩子聊天？这里面有很深的学问。我记得犹太人就十分注重餐桌沟通方式，一家人会利用晚餐或周末聚餐的时候开展一种叫作"table talk"的活动，就是围绕一个家人共同感兴趣的话题，这个话题可能是身边发生的一件事，也有可能是最近的新闻，一家人分别发表对这件事的看法，通过表达和引导，完成对孩子的道德教育。我觉得这是一种挺好的方式，我们也不妨学习一下。

　　学龄前的孩子本身就处于一个语言快速发展的阶段，一定多创造时机让孩子充分地表达，畅所欲言。我有个朋友，他的孩子在同龄人当中属于语言发展较为迟缓的。孩子比较喜欢吃，喜欢尝试各类美食，所以，我的这位朋友就抓住餐桌交流的机会，发展孩子的语言能力。每次吃饭的时候，他都会和孩子交流食物好不好吃，以及如何表达好吃。他会跟孩子做一些示范，比如说这个菜闻起来好香啊，这个菜吃起来甜甜的……慢慢地，他发现孩子会用更丰富的语言来评价美食，这就说明了孩子的语言表达得到了更好的发展。在他们家里，每顿晚餐都是外婆做的，我朋友就继续引导孩子：这么多美食都是外婆做的，我们要赞美外婆，那外婆就不会感觉那么累了。这么一来，长辈也很开心，整个家庭的氛围都因为亲子的良好沟通变得更加融洽和美好。只要能和孩子聊得起来，沟通就在发生，无痕的教育也在发生。

说给家长听的真心话：

锦囊 19：鼓励、接纳孩子的情绪表达

1. 儿童在 3—4 岁时已经开始具有移情能力，能通过表情来辨别和理解成人的情绪。这个时候的沟通就要鼓励孩子表达自己的情感。不要只关注孩子是否吃饱穿暖，还要听听他们的心里话，要经常问问孩子：你今天开心吗？看起来好像不高兴啊，是不是发生什么不愉快的事情啦？能和妈妈说说吗？要引导孩子说出自己的感受，而且一定要认真倾听，不要轻易去打断孩子。

2. 接纳孩子的情绪。孩子可能会因为能力不足发脾气，家长在沟通前一定要先安抚孩子的情绪，等孩子的情绪平静下来后，再与他分析事件，讲清楚道理。

3. 当亲子出现意见冲突时，家长切忌固执己见，一味要求孩子顺从，而是应给出更多选项来让孩子进行选择。比如，很晚了孩子还不肯睡觉，可以试试这样的沟通："明天还要上幼儿园，如果你现在不想睡觉，可以选择再玩 10 分钟或者听一个故事，你选哪一个？"

4. 要和孩子约法三章。儿童从 3 岁开始进入秩序敏感期，家长可以和孩子沟通商定日常的作息时间和待人接物的某些方式或规则。规则一旦定了就不要轻易改变，因为孩子自己参与了规则的制定，就会去努力遵守。

第二章　致小学生的家长

你不喜欢的每一天不是你的

> 你不喜欢的每一天不是你的：
>
> 你仅仅度过了它。无论你过着什么样的
>
> 没有喜悦的生活，你都没有生活。
>
> 阳光倒映在水坑里
>
> 就足够了，如果它令你愉悦。
>
> 幸福的人，把他们的欢乐
>
> 放在微小的事物里，永远也不会剥夺
>
> 属于每一天的天然的财富。
>
> ——费尔南多·佩索阿（节选）

教育理想说

读书重要还是思考重要？
每个孩子都是哲学家

访谈嘉宾：锦绣育才教育集团小学总校长、正高级教师、浙江省特级教师 丁杭缨

> 我很喜欢跟孩子们一起思考、讨论问题，"男生应该谦让女生吗？""如果将来你有一个像你现在一样的孩子，你会如何去教育他？""为什么要考试呢？""为什么学习有时候快乐、有时候痛苦？"……这些问题大部分都很有意思，孩子们也津津乐道，他们有时甚至还会发生观点冲突。
>
> 我们讨论问题，不在于问题本身，或者如何达成共识，而是要通过思考、讨论问题，让孩子们自发地明白很多道理。其实每个孩子都是"哲学家"，他们头脑中都蕴藏着"十万个为什么"，都有对生命的追问、对学习的追问、对意义的追问。

这几年有句话很火——"听过很多道理，依然过不好这一生"。因为很多道理知易行难，也因为很多道理不适合直接运用于实际情况，还因为很多道理无法让人共情。在和孩子们讨论过的那么多问题中，有许多令我印象深刻，有的甚至还改变和丰富了我的认知，因为那是孩子们基于思考、结合自身给出的答案，很有意思。

譬如我们讨论"男生应该谦让女生吗？"，这个问题在孩子们中间引起了轩然大波，它似乎在质疑我们多年来关于教养和礼仪的认知，那就是"女士优先"。现在的孩子们可

有趣了，各有各的看法和理由。有的女孩子说："男生当然应该谦让，因为所有男孩子都是女孩子生的呀！"有的女孩子说："女孩子跟男孩子应该是平等的，我们根本不需要男孩子来谦让。"男孩子的看法也不尽相同，有的说，"谦让，自古以来都是男士必备的素养。"也有的小声说："现在的女孩子可厉害了，我们为什么要谦让女孩子呢？"

其实我们并不是一定要得到这个问题的答案，而是为了让孩子们能够进行一种哲学的思考。**在生活中，我们不提倡用一个刻板的标准去要求每一个孩子，而是通过这样的思辨与探讨，让孩子们能够全方位地认识问题。**也正是在讨论了该不该谦让这个问题后，我发现校园里开始出现这样的场景：午餐的时候孩子们排队打餐，男孩子排在前面，女孩子排在后面。大概是想起了曾经讨论过的话题，男孩子主动走到女孩子后面，说："你先来吧，女士优先。"而在课堂上争论问题、发表意见、相互竞争的时候，女孩子也会主动表态："这个时候我们就不要谦让了，各凭本事争取吧。"

我想，这大概就是我们让孩子去思考问题的意义之所在吧。正如有的哲学家所言："比读书更重要的是思考，拥有思想才是拥有了真理和生命。"一个拥有独立思考能力的孩子，他一定会走得更远，一定会成长得更有意义，更有向上的生命力量。我觉得，我们不应该向孩子灌输要做到哪些事情，也不应该要求他们该做什么、不能做什么，而是要他们通过思考、探讨问题，让孩子们自发地去明白很多道理。

相比关注孩子读了几本书，其实我更关注的是孩子们通过读书之后有没有拥有思考的能力，这比读书的数量更有价值。"双减"后孩子多了很多可以自由支配的时间，不少家长也会鼓励孩子利用闲暇时光阅读，还为他们购置了大量书籍以示支持。我更建议家长朋友们，在阅读之外，更要启发孩子们思考，可以通过探讨书中的情节、改写人物的结局、设定"假如你穿越到书中"的情境等多种形式，启发孩子思考、和孩子一起思考。

现在的 00 后、10 后孩子都很有自己的个性和主见，他们遇事有自己的见解，不一定愿意听老师和家长苦口婆心地说教。于是我们想了个办法，**如果想教育孩子某件事、某项品德，我们就创设一个情境，让孩子自己"教育"自己。**

譬如引导孩子们思考"如果将来你有一个像你现在一样的孩子，你会如何去教育他？"，对于这个问题，孩子们的回答特别有意思，不仅充满童真，也折射出家庭教育的影子。有的孩子说我会打他，因为他的爸爸在他不乖的时候就会打他，他觉得不乖就要接受惩罚；有的孩子说不能打孩子，应该好好地跟他讲道理，因为玩是孩子的天性，作为大人应该去引导他；还有的孩子索性就说让妈妈去教育，因为他们家里只有妈妈教育他，他的爸爸基本上都是缺席的……可见，孩子们在生活中遇到各种各样的情况、各种各样的问题、各种各样的人时，是有自己独立思考的能力的。家庭教育也要引导孩子不断地去思考问题。

"为什么学习有时候快乐、有时候痛苦？"也是一个非常棒的问题。孩子之所以会发出这样的"灵魂拷问"，肯定是现阶段遇到了让他感觉痛苦的学习。我们的家长要有智慧地引导孩子，比如可以这样回答："其实快乐和痛苦就像一对孪生兄弟，爸爸妈妈也会有快乐和痛苦的时候，工作遇到困难时我们就会痛苦，当工作取得成功之后我们就会感到快乐；同样地，你在学习过程中碰到难题解不出来，或被老师批评了，或没有取得理想的成绩时，会感觉到痛苦，但是克服困难以后你也会感受到快乐，这种战胜困难的快乐才是我们要追求的真正的快乐。"

"双减"后，家长的担子越来越重了，他们跟孩子在一起的时间变长，家长的一言一行，孩子们都看在眼里、记在心里，这些或许会影响他们以后的世界观，成为他们对待自己孩子的一个方法。一方面，孩子已经是有独立思考能力的个体，他们对很多事情有了自己的粗浅认知；另一方面，他们的"三观"尚未定型，仍然很容易受到父母长辈的影响。所以我觉得，在我们的家庭教育的过程中，**家长更需要用智慧的方法跟孩子去交往，要在思想上、心灵上与之对话沟通。**

说给家长听的真心话：

锦囊 20：重视自主思考能力的培养

1. 读书很重要，但比读书更重要的是思考，拥有思想才是拥有真理和生命。
2. 只有通过思考，才能把大脑里面的知识结构、所学本领等与孩子的生命真正融为一体，变成他自己的知识。
3. 不要时刻"把孩子当孩子"，要记住他是一个拥有独立思考能力的个体。
4. 父母与孩子对话不要停留在表面或浅层，要多与孩子进行心灵深处的对话，这样才能打开孩子的心扉。
5. 与其灌输理念，不如让其通过思考去探讨问题，让孩子在思考中感悟道理的意义与真谛。

孩子怎么不做梦了？
家长要关注孩子的精神成长

访谈嘉宾： 广东碧桂园实验学校总校长 陈钱林

> "孩子们眼里都没有光了，做校长的难道不觉得可悲吗？"我回想起就读师范学校时，我的老师教我读雪莱、普希金的诗，读雨果、托尔斯泰的小说，他告诉我"精神世界的力量是无法被击垮的"。
>
> 所以在后来的教育实践中，我让我的两个孩子"生活在梦想里"，努力为他们留住轻松愉快的童年；在我管理的学校中，我引入"人格坐标图"，图中横坐标是三个"人"，即自然人、社会人和精神人，纵坐标是独立人格，即成才之前先成人。于是，在我的倡导下，不断有人提出"作业是可以不做或少做的""学生是可以跳级的""运动和睡眠是排在第一位的"……

从什么时候开始，我们的孩子不做梦了？

从什么时候开始，我们的孩子眼里没有光了？

为了就读名校，不少家庭铆足了劲儿，写作业到凌晨、用睡眠换成绩等行为屡见不鲜。这些"短视"的行为慢慢磨灭了孩子们眼中的"光芒"。学习好的是"英雄"，学习差的是"狗熊"；平均分高的班级是重点班，平均分低的班级是"差班"……"以分数论英雄"的错误评价标准让我们的教育走偏了好多年。

很多人都知道，我家有一对龙凤胎儿女。其中，儿子陈杲 14 岁进入中科大少年班，女儿陈杳 16 岁时，经过层层选拔考入南方科技大学首届教改实验班，后来他们都拿到了世界名校博士学位。如今，儿子陈杲已经当上了中科大教授，是著名的"青橙奖"得主，发表的研究成果与霍金、爱因斯坦、杨振宁这些伟大的名字联系在一起；女儿陈杳也在某名牌大学做博士后。

儿女的优秀让我常常被人问起有什么育儿经验，对此，相比跟大家讲述我家孩子是怎么读博士的，我更想跟大家分享我家这两个博士，是如何拥有当下孩子少有的、轻松愉快的童年的。以我儿子陈杲为例：

陈杲的童年可谓"幸福且自由"——他没有上过集体补习班，不刻意追求拿奖，不看重平时的考试分数。即便如此，陈杲小学跳级 3 年、9 岁上初中、12 岁上高中、14 岁考上大学、18 岁出国读博……可以说，成长为"别人家的孩子"，他用了比普通人短得多的时间。

但有人说，陈杲之所以能如此自由还如此优秀，要归功于他有一对教师父母，家教好、"鸡娃"早。其实恰恰相反，作为父母，我们从未觉得考试和分数有多重要，也从未追求孩子考第一、第二。陈杲获得成功，是因为他具备自学能力，努力刻苦，有毅力，懂得感恩。譬如在他喜欢的数学研究领域，陈杲有时兴致勃勃地折腾，有时像睡着了一般发呆，有的时候还会自己默念一连串奇怪的数码……每每有亲友问起陈昊为什么如此"特别""怪异",我都会解释:"他生活在梦想里。"

可能很多人不相信,但我的两个孩子陈昊、陈杳从小都没有参加过包括体艺素质类在内的任何培训班,因为从我作为一个老师的经验来说,我觉得**学校里的教育足够让孩子"吃饱""吃好"了,完全没有必要再到校外培训班"加餐"。**有的时候我也在思考,如果我家两个孩子从小要上很多培训班,那他们恐怕不会有现在的成就。

适当的学习是快乐的,过度的学习是痛苦的;自由学习是快乐的,被动学习是痛苦的。我觉得陈昊的学习就是非常快乐的,因为他所学习研究的内容、方向、体量等都是他自己需要的,是恰到好处的,而不是过量的、没兴趣的、受大人逼迫的。从事着自己喜欢的数学科研,陈昊不骄不躁、乐在其中。"搞数学研究本身就应该是失败才算常见,成功才是意外。"**有梦想,有实现梦想的信念,也有笑对困难的勇气,这样的孩子怎么会不成功呢?**

反观现在的孩子,特别是"双减"之前,因为课业负担很重,他们甚至连基本的运动和充足的睡眠都无法保证,哪来的学习成绩?又何谈学习快乐?从这一点上来说,很多家庭教育是存在错位的,对于孩子的学习过分关注,而对其他事项又关注不足。其实，抓学习是学校该操心的事情，家长更应该抓育人，例如孩子的习惯、情商、精神世界、独立人格等。即便家长要抓孩子的学习，也更该将关注点落在学习态度、未来志向、吃苦耐劳品质等维度上。

那么，有哪些家长需要注意的，能影响孩子学习状态、学习习惯的因素呢？在我看来，首先是习惯。著名教育家叶圣陶先生就说过，教育的目的是培养习惯，形成好习惯的关键时期是小学时期。其次是内驱力，包括学习的兴趣、成功感、志向等。再次是外驱力，比如学习的环境、氛围等。最后是老师和家长的评价鼓励，当孩子遇到困难时，跟他说"没关系的，会好起来的"；当孩子有了进步时，肯定他"有进步了，真不错啊"，这些积极正向的评价能带给孩子莫大的精神力量。

只要孩子的精神是积极向上的，我们的教育就是有希望的。只有受到正向鼓舞，孩子们才会从学习中找到乐趣和成就感，才会喜欢上学习这件事。而在兴趣的加持下，家长也不要忘了帮助孩子培养自学的习惯和能力。"学习首先是跟着老师学，但跟着老师学也是为了能够自学。"就像"教是为了不教"一样，我相信"学也是为了更好地自学"。

说到让孩子自学，家长最担心的莫过于"成绩下降了怎么办？"我倒建议家长朋友们不要太在意一时、一试的成绩，而是用"大课程观""活课程观"来看待分数。我们都知道，平时的试卷都是老师出题的，偏重自学的孩子没有做过很多老师布置的作业题，刚开始成绩确实有可能不理想，但从长期来看，具备自学习惯和能力的孩子，发展后劲更足、势头更猛，必然会带来分数的提高。我总结了以下三种自学方法：**其一是拓展学习**，比如，语文可以阅读名著、社会新闻等，数学可以拓展思维、看课外练习等，科学可以观看纪录片、阅读科普读物；**其二是提前预习**，比如，学习下一单元、下一年级的教材和参考书；**其三是探究学习**，即对自己感兴趣的事物进行探究，或查文献，或观察，或做实验，或提出猜想再论证。

总而言之，不论是家庭教育还是学校教育，都需要强调激发孩子的潜能，并看重"自律、自学、自立"这6个字，这是教育的规律，是教育之"道"，它在不同程度上适用于每个孩子。与此同时，家长也不要忘了帮孩子"筑梦"，可以通过亲子共读名人传记、了解名人生平和奋斗故事等途径，让孩子看到这些人身上的热忱和投入，引导他自然而然地构筑梦想，梦想成为那样的人。

教育理想说

说给家长听的真心话：

锦囊21：树立多维度育人观，激发孩子自学潜能

1. 孩子的精神成长和独立人格的培养，是教育最重要、最本质的目的。
2. 只要孩子的精神积极向上，我们的教育就是有希望的。
3. 如果孩子的人格健全，即使成绩差一点，教育也是成功的，因为三百六十行，行行出状元。如果孩子人格不健全，即便成绩再好，教育也会出问题。要关注孩子的内心世界，培育他的独立人格，抓住这些就是抓住了本质。
4. 许多孩子缺乏所谓的"内驱力"，其实是因为内心精神世界不够强大，缺乏积极向上的动力。家长要从小帮孩子树立远大志向，引领其精神成长。

怎么帮孩子树立正确的"三观"？
很多教育是在饭桌上完成的

访谈嘉宾： 杭州市上城区教育局党委书记、局长 项海刚

> 我有个朋友曾经在犹太人家里待了3个月，他回来后告诉我这样一件事：每到双休日，尤其是星期五晚上，犹太人都会要求我们把手机收起来，然后在家里面进行Table Talk，就是一家子人围坐一桌共同讨论一个话题。在讨论的过程中，发言者不分年龄、性别，即便是小孩子，也要发表自己的观点。每个星期只聊一个话题，主讲人是不固定的，这周可能是爸爸，下周可能是妈妈，再下周可能是哥哥。

千万不要小看这个话题讨论，也不要觉得孩子还那么小，能有什么好聊的。实际上，恰恰是因为谈论一个共同话题，孩子才可以知道父母长辈的观点是什么，而观点背后其实就是一个人的价值观。这个讨论的过程，既是父母孩子相互了解的过程，也是孩子的价值观初步形成的过程。父母不能抱着"我不说但是我希望你建立起一个健全的人格"的想法，这是不现实的，包括健全人格、正确"三观"在内的很多东西，都需要靠父母和孩子共同来建立。

像这样的Table Talk，其实在我们中国家庭中也时有发生，只不过我们没有将它固定下来，使之成为一种定式。但

很多家庭教育，已经出现在各个家庭的饭桌上，父母和孩子通过饭桌上的沟通，能够交换各自的信息，增进彼此的了解，这是孩子成长中非常重要的来自家庭的养分。

如果父母想要孩子有正确的"三观"，那他们自己就要先亮出正确的"三观"。实际上，"三观"就在我们的饭桌上，并通过共同的话题展现出来。父母跟孩子一起接触，一起学习和反思，他们可以了解孩子的真实想法，以及哪些是正确的认识，哪些需要家长及时干预和引导。

我们发起的"每周一天家庭日"活动倡议，初心就是向家长传递"童年像个童年、成长需要陪伴、身教重于言传"的理念，这与 Table Talk 在某种意义上是有异曲同工之妙的，那就是让家长在陪伴孩子的过程中，真正地了解孩子。为了让家长们将家庭日的活动安排得更合理更周密，我们还提供了"五个一"的建议：同走一条研学之路、共读一本幸福之书、开启一次艺术之旅、共享一场运动之趣、体验一回家务之乐。

譬如家长和孩子一起去体验做科技模型。这要是放在"双减"以前，那必然是一幅"孩子在培训班里做模型、家长在教室外看手机"的画面，但这回完全不一样，家长共同参与其中，而且和孩子的对话沟通频率会非常高，甚至有许多肢体上的接触。事后家长跟我反馈说："这样的活动让我真正了解到我的孩子是一个怎样的人，遇到困难时会有一种怎样的神情，又会如何想方设法来解决困难，我看到了他的主观能动性和面对困难时的永不言弃。"

这就是为什么我们要排除万难推行"每周一天家庭日"的原因。创造条件和机会，让家长和孩子共同来做一件事，只有在活动中，家长才能真实、立体地了解自己的孩子。这样的活动无异于家庭的纽带、亲情的纽带、成长的纽带，**通过探讨一个共同的话题，或者共同完成一件事，加深纽带的作用，亲情会自然而然地产生，而当多种纽带交织在一起，家庭教育的情景就出现了。**

无论是 Table Talk，还是家庭日的活动，其实我们的孩子都很有自己想法，我们乐意创造机会让孩子和大人进行思想、观点的交融与碰撞，哪怕有冲突也是好事，家长可以借机了解孩子的思维方式和价值取向，并在必要时给予引导。而当这样的交流沟通与亲情纽带多了以后，家庭氛围会发生翻天覆地的变化。孩子遇到事情会主动选择和父母沟通，可以避免偏激想法、极端行为的产生，因为家庭给了他足够的安全感和信任感。

现在我们上城区的孩子已经喜欢上了家庭日的活动，甚至期盼着周末快点到来。他们这周组织去郊游，下周约定去图书馆看书，再下一周可能去社会服务机构做志愿者……每周不重样的活动让孩子们的精神生活变得充盈，他们期待着爸爸妈妈给自己创造新的活动惊喜。我们知道，**人一旦开始期待美好的东西，他便会从内心深处生发出一种向上的力量。**通过一个小小的活动，不仅能让亲子关系变得更加顺畅、温暖，还能潜移默化地推进心理健康教育和生命教育，一举多得。

美国的科学家曾经拿小白鼠做过两个实验。第一个实验发现，有同伴、有玩具的小白鼠的神经元发育要好过只拥有玩具的小白鼠，而这两者的神经元发育又要好过没有同伴、也没有玩具的小白鼠。第二个实验发现，给小白鼠的窝做清扫时，被赶进赶出的小白鼠的成活天数要比被抱进抱出的小白鼠少200余天。

其实我们的孩子也是一样的，**有比较多的人际交往和正向的情绪表达，他们的性格发育就会比较健康。**作为家长，除了要鼓励孩子多结交朋友外，还要主动成为孩子的朋友，经常陪伴孩子。而如今在家庭里，有多少家长会经常给孩子爱的拥抱？拥抱能切实将爱传递给孩子。所以我觉得，父母需要一方面给孩子以温暖的陪伴，另一方面给孩子以浓浓的爱，这样才是高质量的亲子陪伴和高质量的家庭教育。

说给家长听的真心话：

锦囊 22：高质量的陪伴和沟通有助于塑造健全人格

1. 父母和孩子一起做一件事是特别重要的，这能帮助父母更好地认识孩子。
2. 很多家庭教育是在饭桌上完成的，但又不仅仅止于饭桌。
3. 父母和孩子要找到适合自己家庭情况的一种常态化沟通交流方式，让教育在交流中发生。
4. 不要小看孩子在话题讨论中的观点表达，他们有能力把自己的一些想法完整、清晰地呈现给家庭成员，这不仅是价值观的交流，也是口语表达的练习。
5. 光有陪伴是不够的，家长要在陪伴中渗透爱的表达与传递，给孩子提供充足的安全感、信任感和幸福感。

教育理想说

什么是真正的好学校？
最好的学区房是你家书房

访谈嘉宾： 杭州市学军小学教育集团总校长、高级教师 张军林

> 什么是好学校？整个校园环境拥有良好的学习氛围，当孩子们走进校园就能萌生出一种读书的欲望和冲动，如果孩子若干年后能以优异的成绩进入更高一级学校，人们就会普遍认定这是一所好学校。为了让孩子能够顺利入读他们心目中的好学校，不少家庭斥巨资购买心仪学校的学区房，甚至不惜豪掷千万。
>
> 的确，一所好学校一定有琅琅书声，一定是走进学校图书馆就能看到琳琅满目的各类书籍。学生走进校园就愿意打开书本，在任何时候任何地方都能安静地读书。

常有家长苦恼地向我请教："张校长，我的孩子老是玩游戏，该怎么办？"我第一个问题一般都会问他："你玩不玩游戏？"家长不玩游戏但孩子整天沉迷于游戏，我觉得这种可能性不大，因为孩子周围一定有导致他去玩游戏的因素。

如果家长回到家后通常看书、工作、做研究，那么他的孩子去玩游戏、看电视的可能性非常小。反过来的情景倒是很常见：孩子在做作业、看书，而家长在一旁刷视频、玩游戏。所以我会劝家长先别急着指责孩子，而是回忆一下当时自己

是怎么做的:"你想要孩子怎么样,就做给他看,做永远比说更有效。"

学习除了在校园里发生,更多的还应该在家里发生。特别是"双减"之后,孩子的作业基本在学校里就完成了,影响孩子学习的因素更多的是在放学回家之后。我们很多家长花费上千万元购入了学军小学的学区房,我倒更想问问他们,你家里的书房有多大?藏书有多少?品类有多丰富?

我坚信:**最好的学区房一定是家里的书房。学区房有大有小,有豪华有简陋,但我们的孩子能看到的书都是一样的。**比如,你看到的周国平的书和我看到的周国平的书是一样的,我们都可以在心灵上跟作者进行交流、沟通、观点碰撞,这个时候其实没有贫富的差距,甚至没有年龄上的差距。我们可以凭借书籍创设一个学习型家庭,给孩子呈现一个精彩的大千世界。

一个学习型家庭的创设,是一家人共同努力的结果。优秀的孩子不可能是靠学校单方面培养出来的,更多的是由家庭教育和学校教育共同努力培养的。家长不是把一张白纸送到学校来培养,而是把一个经过了他们6年教育的孩子送到学校来,学校只是从家长手里接过接力棒,家长才是孩子最好的老师。从某种意义上来说,家长对孩子的影响远远超过老师对他们的影响。如果我们的家庭关系是和谐的,父母从不动手打孩子,那么我们的孩子也绝对不会在学校里用武力来解决问题;如果我们的家长在家里常阅读常探究,那么我们的孩子也绝对不会惦记着要玩手机玩游戏。所以我们说"一个优秀的孩子背后应该有一个优秀的家庭",同样,一个熊孩子背后的家庭教育往往也有些问题。我们很多行为乖张、性格特殊的孩子,其背后都有家长的因素在起作用。

培养一个优秀的孩子,当然是每一个家长的愿望,望子成龙、望女成凤嘛。但是想让你的孩子成龙成凤,我觉得首先是我们自己要努力做到最好。**家长不能自己不努力,还希望孩子很努力。**孩子就是家长的一面镜子。孩子身上的一些优缺点可能来自家长的遗传,或者受到了家教的影响,我们家长身先示范,把自己做好,孩子自然会向我们学习。

学习型家庭不是父母监督着孩子学习,而是父母孩子共同朝着各自的目标努力,彼此激励、相互打气。当孩子在学业上努力的时候,父母也在努力工作和进修;当孩子在练习跳绳时,父母也在一旁锻炼身体。我们说"身教甚于言传",**很多道理不仅是讲给孩子听的,更是做给孩子看的。**比如"常回家看看"这件事,如果将来你希望自己的孩子可以多回来看望你,那么今天你就要带着孩子常回老家看望你的父母长辈,这是一个代代相传的过程。

当然,学校和家庭是一个育人的共同体,老师和家长应该是"队友"的关系，家长应该在孩子面前帮助老师树立威信，更多地发出一些正能量的声音。如果老师的形象不够正面，我们很多的教育功能就减弱了。跟老师配合得越好的家庭，往往孩子成长得也就更好一些，因为我们大家心往一处想，才能形成合力。如果我们的教育理念、教育方式跟家长的背道而驰，那它的作用力就肯定就减小了。

教育理想说

说给家长听的真心话：

锦囊 23：发挥榜样力量，创设学习型家庭

1. 我们都希望做一个优秀的家长，其实这是很难的。能做到合格，就已经很不容易，我们要先努力做一个合格的家长。
2. "双减"之后，家庭教育的重要性更加凸显了。我们不再是把孩子送到学校、送到培训班便万事大吉，孩子更多的时间是在家里面，跟父母共同成长。
3. 能够陪伴人一生成长的其实是家庭，是父母。家长能给予孩子最好的力量就是陪伴。
4. 要注重营造学习型家庭的氛围，家长回家后也要收起手机，将更多时间留给孩子。因为一个学习型家庭情境的创设，一定是一家人共同努力的结果。

只有在课堂上才能学到知识吗？
用你的优秀和善良来陪伴孩子

访谈嘉宾： 金华师范学校附属小学校长、浙江省特级教师 俞正强

> 在一堂学比数的数学课上，我给孩子们提了一个问题：为什么比的后项不能为0呢？有个小朋友回答我说："因为除数不能为0，所以比的后项不能为0。"这个小朋友的回答几乎是标准答案，但我心里知道，他很有可能是从校外培训机构学来的，也就是说，这个知识点，他已经在培训班里被培训过了。
>
> 同样是在这堂课上，另外一个小朋友是这样回答我的："比的后项当然不能为0啦，如果后项为0，那饭就不是饭了啊。"这个回答就很妙，为什么饭就不是饭了呢？班上其他小朋友也很好奇，大家的好奇心都被吊了起来。这位小朋友接着解答说："因为饭其实是米和水的比，如果比的后项为0，就可能只有米没有水，那饭当然就不是饭只是米啦。"我带领全班小朋友给他鼓掌，因为他不是从外面的培训班学明白的知识，而是从生活中"悟"出来的知识。

有人问我，那校长您觉得这两个小朋友，谁的智慧水平更高呢？其实，他俩一个用知识来回答我的问题，另一个用生活的感悟来回答我的问题，差别不在于这两个人的智商如何，而在于这两个人平时在生活中的观察与实践。第二位小朋友应该有过烧饭的经历，所以他才有这样的感悟。

然而，课堂上的探索还没有结束。因为"饭不是饭"的

问题又带出了一个新的问题：按照这个道理，是不是比数的前项也不能为 0 呢？因为要做成米饭，米和水缺一不可啊！但是在比数里面，前项是可以为 0 的啊！这是为什么呢？小朋友们纷纷感到好奇，又七嘴八舌地讨论起来。

这个小插曲，使得这堂课的思维含量变得非常高，小朋友们的注意力和思考力都得到了前所未有的激发。单纯的知识储备仅仅只是记忆力。但孩子们从生活中获得的一些体验，在跟知识对接的时候就产生了思考力。所以，我们一定要让孩子多实践、多体验。吃好饭、睡好觉、如好厕……这些都是生活中很重要的内容。不要为了识字做题，把基本的生活技能丢掉了。

陶行知说"生活即教育"，生活是很重要的实践体验。时至今日，不少家长在面对孩子提出的一些不好解答的问题时，仍然只会回一句"以后你就知道了""等你长大就知道了"。知识真的会随着年岁的增长自己跑进我们的头脑中吗？当然不是。很多知识是我们"活"明白的，也就是：在生活中自然而然就明白了，不用人刻意地教。

生活中的很多知识都源于习惯的培养。譬如学习打扫卫生，干净是最重要的标准。无论是擦桌子也好，扫地也好，首先要做到不遗漏。但是对于小朋友来说，要做到不遗漏，可能就会耗费更久的时间。我们在生活中要培养的是孩子们又干净又省时的打扫能力，以及打扫过程中不重复不遗漏的认真品质。触类旁通到学习上，做练习题时也要又对又快。所以我常跟老师、家长们说，**要在日常习惯的养成过程中去培养孩子的数学能力。**

我们这代人小时候，吃饭、睡觉、如厕等生活习惯是不需要刻意培养的。那个年代粮食紧张，手里捧起碗，我们不用大人教就知道要拼命往嘴里咽，不然就要挨饿了；因为用电也比较紧张，为了省电，天一黑我们就上床睡觉了，不然黑灯瞎火也干不了什么事。所以，我们小时候的很多习惯不是人为培养的，而是条件所迫、自然形成的。

现在的孩子则完全不同。他们赶上了物质丰裕、生活富足的新时代，吃穿用度都可以根据自己的心情和喜好来，所以当年那些可以自然掌握的习惯就需要有意识地被培养了。吃饭、睡觉、如厕，就是孩子需要培养的最原始的习惯，这些习惯培养好了，学习自然蕴含其中。家长要牢记的是，这3件事情一定要让孩子自己做，而且要做好，家长代劳，只会助长孩子的惰性和拖延症。"你做这3件事情就好了，不要为了多学几个字，而把吃饭这个事情给忘了。"我也常劝慰家长：不要着急，慢慢地把这种习惯培养好。**有些孩子可能属于大器晚成型的，但让他们具备"晚成"的条件，是我们做父母的责任。**

有少数妈妈来跟我交流，说自己辞职在家专职带娃，整天都陪着孩子。可是在陪孩子做作业的过程中，她们发现孩子粗心大意，做数学题常常会漏掉一些关键信息，有时候数字都会抄错、题目都会抄漏、加号会抄成减号……"要不是我在一旁盯着他，错的可能更多。"妈妈们很无奈，越是错得多就越盯得紧，越是盯得紧就错得越多。

"这一步你走错了，为什么要辞职呢？"我给她们泼冷水。妈妈们也很不服气："不是说了要陪伴吗？"我就跟她们讲：**"一定要用你的优秀和你的善良来陪伴孩子，而不是用你这个'人'来陪伴。"**

如果把孩子的成长环境比作一方天地，那么父亲是天、母亲是地，父亲给孩子的是一种高远，母亲给孩子的是一种厚实。譬如有些父亲为了生计，不得不远离家庭、缺席教育，但父亲的形象在孩子心中是永远不会缺位的。虽然不在孩子身边，但他就像远在天边的一颗星星，具有一种高远的力量，在孩子心中植入希望：父亲就应该是志在四方的。从物理陪伴上看，父亲的确缺席了孩子的成长，但在精神陪伴上，他始终与孩子在一起，并且给了孩子莫大的精神力量。这就是为什么有些跟着爷爷奶奶、外公外婆长大的孩子，他们也能成长为一个足够优秀的人，因为他们心里始终有勤劳善良的妈妈、努力威严的爸爸。

从另一个成长角度看，孩子小时候都特别依恋父母，特别在 10 岁之前，他们可能是父母的"小尾巴"。但是 10 岁之后他们就慢慢地不黏父母了，甚至还会嫌父母啰嗦、麻烦。所以各位父母，一定要用你们的优秀和善良来陪伴孩子，父亲保持善良、保持努力，孩子心中就会对父亲充满敬意。孩子心中也一定会有一个母亲，她勤劳善良、无微不至，是如同超人般的存在，所以孩子遇到困难第一时间就会向父母求助。从这个意义上来看，**父母成为最好的自己，就是对孩子最好的陪伴。**

说给家长听的真心话：

锦囊 24：养成将学习融入日常生活的习惯

1. 生活是天然的教育场，我们在生活中目睹着、经历着、感悟着、总结着，活着活着就"活会了"，所以不要对孩子过度保护，而是让他们真实地走进生活中。
2. 培训机构很少专门培训习惯养成，好习惯的培养更多在家庭里完成，家长是孩子良好习惯培养的第一责任人。
3. 真正的陪伴不是你时刻盯着孩子，而是"你做你的，他做他的"，用你的优秀来陪伴他，用你的身教来影响他。
4. 陪伴不只有物理的陪伴，精神品质的陪伴才是更高质量的陪伴。
5. 无论是农村的留守儿童，还是城里孤独的孩子，只要他们能从父母身上汲取强大的精神力量鼓舞自己、感召自己，父母的陪伴就是无形存在的，因为他们会一直保有父母传递给他们的成长力量。

做不出奥数题就是无能吗？
不要把精力浪费在补短上

访谈嘉宾： 锦绣育才教育集团小学总校长、正高级教师、浙江省特级教师 丁杭缨

> 众所周知，培训班还有另外一个名称"补习班"。如果你们曾经去补习班里做过调研，就会发现大量参加补习班的孩子，正是在该门学科上学得非常费劲的那批孩子。比如上数学补习班的孩子，在学校上数学课已经够呛了，课外还要再来接受二轮三轮"轰炸"。这时候问他："你喜欢数学吗？"答案无疑是否定的。
>
> 我自己就是一个数学老师，在我女儿3岁的时候，我也想过要开发她的数理智能，期盼她在数理逻辑方面能有超常规的发展。然而经过一段时间的观察，我发现她并没有这方面的天赋，于是就放弃了，在我女儿的成长过程中，我也从来没有给她报过奥数班。
>
> 把大量的精力花在补短板上是低效，甚至是无效的做法。我始终觉得，我们教育孩子要注重扬长避短，而不是拼命地花时间去补短板。

管理学上有一个著名的"木桶效应"，说的是一只水桶能装多少水，并不取决于最长的那块木板，而是取决于最短的那块木板。因此，"木桶效应"也被称为"短板效应""短板理论"。"短板"意味着漏洞，必须想办法补上，否则会影响整体的实力和竞争力。在企业经营与管理上，"短板理论"

无数次被证明是有效的。之后，"短板理论"被援引到其他诸多领域。

在教育领域，很多家长也是"短板理论"的拥趸，认为"短板决定了人的一生"。但我不这么认为，甚至觉得这个观点是错误的。我恰恰认为，不是短板决定了你的人生，人生应该是由长板决定的。各行各业的翘楚，都是在自己的专业领域做出杰出成就的佼佼者，但在非专业领域，他们可能连普通人的水平都达不到，可这丝毫不影响他们在专业领域的优秀与成就。

然而，家长们却总期待着孩子能"全科优秀"。所以才会有这样的顾虑："别人都在报班啊，我不给孩子报的话，以后他在这方面的学习是不是就会特别不理想啊？"**好像一直以来就是这样，越是学不好的科目，孩子花的时间越多。**我以前有位数学不太好的学生，他爸爸说不然就给孩子报个奥数班吧，开发一下数学思维。"你这样就毁了你的孩子！"我当即打断他，因为孩子在数学天赋、接受能力等方面都没有达到最佳水平，从多元智能理论角度来看，每个孩子都有自己的优势发展区，但显然他孩子的兴趣点不在这里。

这个同学在数理逻辑方面本就没有天赋，因此，他更应该多吃"五谷杂粮"，把数学基础打好打扎实，而不是急着吃"细粮精粮"，跳跃性地去挑战奥数的题目。我们很多家长只听说学霸都在学习奥数，就觉得奥数是个好东西，自家孩子也得学。他们不知道的是，相比数学教学大纲规定的内容，奥数的难度是几何式倍增的，让数学学得本就不怎么样的孩子勉强去上奥数班，意味着"每做一道奥数题，对这个孩子来说就是一次无形的打击，就在告诉他自己的无能"。在奥数题上受到的打击，需要多少次成功来弥补，才能让孩子重新喜欢上数学啊！

每个孩子都是独立的个体，就多元智能理论而言，每个孩子的优势智能都是不一样的。有的就是数理智能特别好，根本不用人教，有的则天赋不高，怎么都学不好。就好像我们去唱歌的时候，有些人唱得好，有些人唱得不好。大家在多元智能里面的音乐智能是不一样的，有些人只要给他弹一个音，他就能听出来这是什么；有些人你给他弹三个音，都听不出其中的差别。如果让后者整天去弹钢琴、去唱歌，那即便花费再多时间，也很难培养出钢琴家、歌唱家。

偏偏有的家长不服气：为什么我的孩子不能学奥数？很多时候，孩子适合学什么，家长并不是特别了解，但他们就是喜欢一窝蜂地去跟风。前几年奥数热，就扎堆报奥数班；这几年少儿编程火起来，又开始挤破头去报编程班。但我很想劝大家一句："**不是所有孩子都适合学奥数、学编程，就像不可能每个孩子都跑得跟刘翔一样快。**"家长要科学育儿，首先要研究你的孩子在言语智力、数理逻辑、视觉空间、音乐运动等哪个方面有长处，学会扬长避短。很多时候，我们就是拼命地在补短板，往往越补越搞不好，结果造成很激烈的亲子冲突。

其实，孩子的多元智能是可以通过观察发现的，也有专门的量表，可以在家校合作中共同完成。譬如有的孩子人际交往能力特别强，就应该发挥他的长板，培养他的小领袖意识和组织能力、表达能力，他可以不精通这个领域最高端的知识，但是周围有一群小伙伴能够跟随着他，我觉得这就是非常棒的一个职业规划的契机。

所以，家长们要弄清楚孩子在发展过程中的长板到底是什么，然后尽可能地帮助他去发挥他的长板。至于他的短板，如果能够适当弥补最好，但是千万不要放大他短板的副作用，不要用短板来衡量他的人生，或者将弥补短板作为他人生的一个目标。只有扬长避短，孩子的发展才会是各有各的精彩，各有各的美好。

说给家长听的真心话：
锦囊 25：发现孩子的多元智能

1. 短板决定的是人生的极限，长板决定的是人生的上限。
2. 不要放大孩子的短板的作用，用短板来衡量他的人生，或者用短板来作为他人生的一个目标。
3. 与其把大量时间精力浪费在"补短"上，不如把时间让渡给"扬长"，能让孩子在未来立足于社会的，是他的优势与长处。
4. 每个孩子都有自己的成长轨迹，家长要顺着这个轨迹做出正向的引导。
5. 不是所有的孩子都适合学奥数、学编程，不要让超过孩子学习能力水平的难题一遍遍打击孩子，消磨孩子的学习兴趣。

教育理想说

取笑孩子幼稚的你，成熟吗？
人的认知与判断取决于知识结构

访谈嘉宾： 杭州绿城教育集团总校长、浙江省特级教师 黄建明

> 从很小开始，孩子就经常会有一些独特的想法。这些想法在成年人看来，或许都很幼稚可笑，但对孩子来说，这些都是他们认真思考的结果，是他们成长的起点。所以当孩子讲一些幼稚的话时，家长们千万不要取笑他，因为这会让孩子感到自卑。
>
> 有的家长就是当孩子一有想法，便马上用自己的经验做出否定判断；就算不否定的，也会马上代替孩子去行动，完全不懂得如何把握给孩子创造实践锻炼的机会。这样做其实是非常错误的。

其实，只要孩子的想法、观点是积极向上的，尝试一下也没有什么安全隐患，家长就不要轻易去否定它们，而应顺势引导："你的想法真新奇（挺有意思、很不错），你可以马上去做，或许真能做成！"家长也可以认真倾听，装作不懂的样子提出一些问题，并帮他完善想法，然后积极鼓励孩子去付诸行动。孩子只有在不断实践和尝试中才能有机会完善自己的想法，并在经验积累中使思维日趋成熟，不至于长大后还做很幼稚的事情。

大概在一二十年前，那时国内的许多孩子在表达观点时，

常会不自觉地揣摩大人和权威是否认可，即便有的孩子大胆说出了自己的想法，也会下意识地想要得到权威的确认，甚至还会追问父母、老师，自己刚才说得对不对。

再看我们今天的"00后""10后"，他们表达自我主张的时候，更加张扬自信，不论讲的内容是否正确，至少他们表达的是真实的自己。敢于发声而且言之有物，是这一代孩子集体成长的表现。在这个知识爆炸的信息时代，孩子们拥有了更多获取信息的渠道，他们的知识面无限扩展，学龄前儿童的知识储备甚至超过了过去的小学生。因为视域更加开阔，他们的思维也更加严谨与成熟。

我始终认为，一个人的认知与判断是受他的知识结构制约的，有什么样的知识结构，就能得出什么样的观点。**孩子当然也一样，他们不仅不能做出超出自己认知范畴和知识结构的表达，也无法理解家长教条式的说教**。如果家长只是一味地告诉孩子应该怎么做，而不是基于孩子理解基础进行引导，凭孩子的知识结构，他们是无法理解一些结论的。如果孩子真的像家长所要求的那样，只是"记住"了这些条条框框的道理，而没有理解家长所讲的内容，孩子只会渐渐地对知识产生反感，甚至到高年级以后还会出现叛逆。

孩子的成长过程是缓慢的，家长要尽可能地尊重孩子的知识基础和成长规律，因势利导。而在孩子的整个学习成长过程中，家长应该给予足够的宽容与支持。因为孩子是有自尊心的，**那些因为失败而不断被嘲笑和批评的孩子，往往更容易变得畏畏缩缩、没有担当。**

  家长也是从孩提时代过来的，不妨回想一下自己小时候，是不是比现在的孩子还要幼稚？尽管我们长大后知识面越来越广、接收的信息越来越多、认知体系也在不断完善，但跟更多专家学者、行业翘楚相比，我们的认识依旧不足。所以当孩子某些言行举止比较幼稚时，家长千万不要采取嘲笑、贬低的方式，浇灭孩子的好奇与自信，进而导致他们有了想法也不敢和家长沟通。久而久之，家长就不知道孩子在想什么，孩子也不想让你知道他在想什么。倘若家长此时还在不断输出孩子听不懂、不理解的大道理，孩子难免觉得家长对自己要求太高，或者有些不切合实际。

  遇到孩子幼稚发言或者幼稚举动时，家长要有足够的耐心，站在孩子的知识结构信息量的基础上，和孩子一起去讨论、解决问题，帮助孩子完善自己的思维。与此同时，还要想办法拓展孩子的知识面，增加更多的信息渠道，使孩子逐渐地成熟起来。

说给家长听的真心话：

锦囊 26：尊重孩子的知识结构和成长规律

1. 很多叛逆源自不理解，只有理解孩子，才能站在孩子的立场上和他们对话。
2. 失败不会击垮孩子，但是批评和取笑会。
3. 要学会欣赏孩子的想法，并鼓励他们去实现。
4. 人的认知和判断受知识结构影响，当孩子对你的教诲无动于衷时，不妨停下来等一等，先给孩子创造条件去学习相关的知识，丰富其知识结构。
5. 家长要基于孩子的知识结构和信息量，来加强亲子沟通交流。

教育理想说

机械重复地学习，孩子不喜欢怎么办？
让"累"变得有意义，让"忙"变得有趣味

访谈嘉宾： 金华师范学校附属小学校长、浙江省特级教师 俞正强

> 对于很多一年级小朋友来说，学拼音是一件枯燥的事。特别是刚接触拼音的小朋友，老是搞反、搞错。有些老师就会"罚"他们抄写，错了抄10遍，再错再抄10遍……殊不知，这样的机械重复只会适得其反，越抄越烦越错。
>
> 而有些老师却很有办法，他们选择"变个花样"——变抄拼音为"摆"拼音。用豆子来摆、用橡皮泥捏、用积木来拼……小朋友们觉得非常有意思。在这个过程中，孩子很自然地就记牢了拼音的相关知识。可见，重复是需要的，但不要那么枯燥地重复，变个花样，再变个花样，又变个花样，变着花样去重复，就会让一件原本枯燥乏味的事变得趣味盎然起来。

"双减"后，我们常听到这样的疑问："都减负了，学校还要考试吗？""学生还要做作业吗？"好像减负就不能布置作业、不能安排考试了。这样的认识是不对的。减负是把超重的负担减下来，把超前的偷跑者拦下来，让超纲的教学停下来。作为家长，在谈论减负之前，首先要有正确的"减负观"，正确认识所减之"负"，否则作用力便不能聚焦。

"负"不在"苦"本身,"苦"本身不是"负"。小朋友玩积木也好,做游戏也好,只要没人去打搅他,他就会一直玩下去,**因为乐在其中,他是不怕累的,也感觉不到累。**由此可见,小朋友讨厌的其实不是"苦"、不是"累"、不是"忙",而是跟"苦""累""忙"相连的那个定语,比方说"绝望的苦""无意义的累""无趣的忙"等。而减负所提倡的并非减去"苦"、减去"累",而是减去无意义的"负",只要累得有意义,这样的"累"便是我们所倡导的。

假如我们训练一只鸡去游泳,训练越刻苦,它就会越绝望,因为它永远不会像鸭一样成为游泳健将。我们为什么要让一只鸡去练游泳呢?其实一开始,这只鸡它自己也愿意去训练,因为最初它也不知道自己其实是鸡,而鸡是不会游泳的。但是,练到一定的时候,它就会发现再怎么努力都不能像预想得那么快,它就产生了绝望的情绪。

这种情况很像我们家长,经常做着自认为对孩子好的事情,但恰恰是这个"好的事情"给孩子们带来了一种绝望的感觉。如果这个苦让他感到绝望,那他就会受不了、会郁闷,时间久了还会抑郁;如果这样忙一点趣味也没有,只是因为家长要他忙,那这就是无趣的忙。基于这样的认识,我们要去改变什么呢?要改变大人自以为是地带给孩子的与苦相连的绝望,与累相连的无意义,与忙相连的枯燥。

所以，当你的孩子考了 98 分回家，想要你夸夸他的时候，你不要张口就问孩子："第一名是谁？""第一名考了多少分？""两分扣在哪里？""是不是这次卷子比较简单？"……这些你脱口而出的问题都会给孩子带来失望的感觉——"我都考 98 分了，你还不满意吗？"长此以往，孩子就会失去对学习的兴趣。

考试本身不是问题，而是我们家长对待考试结果的态度与方式出了问题。我们减负不是减考试，而是要减少那种错误的处理方式、评价标准给孩子带来的绝望的感觉。考试如此，作业亦如此。我们要破除与作业相连的绝望，让孩子喜欢做作业；要破除与考试相连的绝望，让孩子在考试中获得成就感。"考考我又厉害了""考考我的成绩又提高了"……如果能有这样的考试体验，孩子们就不会逃避考试，甚至期待在考试中崭露头角。

这才是我们教育的根本，也是减负的根本——在希望、意义、生活中培养出一个能吃苦、能扛累、能经忙的孩子，这样的孩子才是有力量的，才可能是有担当的，才是我们教育所指向的。一个吃不了苦、扛不住累、经不起忙的孩子，指望他以后会变成一个优秀的人，几乎是不可能的。

其实快乐包含着苦，苦蕴藏着快乐。快乐与苦不是对立的。我们有一句话叫"苦尽才会甘来"，不经寒彻骨，哪来香如许！

在"希望"中受的苦就是有希望的苦，苦也是快乐的。反之，在"失望"中受的苦就真的只剩下痛苦了。

有了这样的认识，相信我们的家长也就不会再纠结于"让我的孩子太苦了可不行""我这辈人这么辛苦，就别让下一辈人吃苦了"这样的问题，因为这个世界上，很多优秀的人都是历经了艰辛、吃尽了苦头，才获得了成功。

很多家长不知道的是，孩子本来是不怕吃苦的，只要他高兴，只要他觉得有希望，再苦也不觉得苦。但因为我们家长老是让"苦"跟绝望相连，所以孩子变得怕吃苦，甚至逃避吃苦了。而在他逃避的同时，家长还在跟他拼、跟他耗、跟他磨、跟他斗，让他变得更怕吃苦。这样，就陷入了恶性循环。

相反，如果当有一天他长大了，回过头发现曾经的苦是"吃对"的，他一定会感谢父母当年充满智慧的家庭教育，是他们让苦与希望相连。所以我们谈论负担，不要去纠结"苦""累"本身，而是要去研究与"苦""累"相连的绝望。

把失望换成希望，需要智慧；把无意义变成有意义，需要方法。这不是一蹴而就的事，需要每位家长持之以恒地坚持与笃定。

说给家长听的真心话：

锦囊 27："吃苦"应该是有希望、有意义的

1. 小孩子是不怕累的，他们也没有忙的概念，他们只有喜欢和不喜欢。
2. 我们要努力给孩子希望，而不是不断地制造绝望。
3. 教育首先要做对，然后才是做好。不要在没有做对的情况下，做无谓的坚持与努力；而是要在对的路上不断积累。
4. 我们要坚定不移地相信孩子是要吃苦、能吃苦的，是要经累、能扛累的，这样的人将来会成为民族的有用之才。
5. 我们要坦然地让孩子们去吃苦，但是在吃苦的时候要多关注孩子，多跟孩子商量，摒弃家长的自以为是。

何必非得考满分？
人生是无所谓"起跑线"的

访谈嘉宾： 杭州市学军小学教育集团总校长、高级教师 张军林

> 近年来，评价改革在中小学校开展得如火如荼，不少学校都取消了分数和排名，这让看不到自家孩子处在哪个段位的家长无所适从。
>
> 可是回想当初，当孩子拿着不是满分的试卷回家的时候，我们的家长又是怎么做的呢？"为什么没有考100分？""最近是不是学习不认真退步了？""这2分扣得太不应该了"……这是不是家长们常挂在嘴边的话？小学阶段的满分真的这么重要吗？小学家长有必要追求"全对"吗？我觉得未必如此。有时候，为了追求"全对""满分"，孩子需要付出非常多的，甚至是得不偿失的努力。他要如履薄冰，每一步都不能错。但如果这个时候，我们允许他考95分，甚至是90分，那他的心情就会完全不一样了。他可能就不需要为了这个0.5分、1分去付出十倍百倍的努力。那些剩下来的时间和精力，他完全可以去发展自己的兴趣爱好，可以去看这个广阔的大千世界，可以给自己一个五彩斑斓的幸福童年。

童年的重要性不言而喻，幸福的童年可以治愈一生。

我有一个习惯坚持了很多年，那就是常常站在校门口，观察孩子上学时的微表情。如果孩子们都是开开心心走进校门的，见到我会笑着说"张校长好"，看到同学也会热情地打招呼，我就会感到很欣慰。我相信他的学习状态一定是很

好的，他的心情一定是放松的，他这一天在校园里一定会开心愉悦地度过。

为了"让儿童成为幸福的儿童"，我们学军小学做了很多努力，就是希望每个孩子都能喜欢学校、喜欢学习。孩子有长达6年的时间在小学里度过，小学是他们人生中非常重要的一个阶段，我们当然要给他们一个美好的小学生活，这会是他们童年中非常重要的一段回忆。很多孩子上了中学、上了大学，甚至工作以后，还是很愿意回到小学母校来看看老师，因为在这里他们可以回味很多童年的幸福感觉。

要构筑这样幸福的童年，需要家长和学校同向发力、形成合力。我们希望家长不要在孩子还这么小的时候，就让他对分数这么敏感，这会让他的童年幸福感大打折扣，对他的学习也未必是件好事。

"抢跑""赢在起跑线上"的说法其实在我看来是一个悖论，我觉得人生根本就没有这样一条起跑线的概念。**漫漫人生路，其实有很多重要的节点，我们可能会很多次重新起跑，跑到中间也可能又会歇下来，既然如此，又何来"起跑线"一说？**其实，放眼人的一生，无须在乎谁跑得快，更重要的是要跑得远、跑得持久，而且跑到终点的时候，如果我们是带着胜利微笑的话，我觉得这就可以算作是一个成功的人生。我们大可不必在这场马拉松中，执着于起跑的速度与位次。

那么多家长想"赢在起跑线",甚至想在起跑线"抢跑"的努力,其实是徒劳的。因为教育部门三令五申"零起点教学",就是希望大家不要抢跑。即使你跑到前面来了,学校的教学起点在这里,你还得回到这个起点上来。相比幼儿园,小学阶段会有识字、拼音、算术等知识点的内容,适当掌握一定的基础还是需要的,但确实没有必要抢跑。

既然"人生是一场马拉松",就让我们把目光放长远,不要在乎一时的得失,不要在乎一张试卷的分数、一次考试的排名、一个阶段的表现。特别是小学阶段,孩子的成绩还不是非常稳定,某次考试的分数与排名可能跟他的情绪变化有关,具有一定偶然性,成绩并不能定义他的优秀与否。其实就小学阶段而言,我更建议多一些纵向的比较,让孩子自己跟自己比。他今天比昨天有进步,他明天努力争取比今天做得更好,这样就可以了。

一旦家长把目标放长远,孩子就能在更加宽松的氛围里成长。 因为人与人是有差异的,有的孩子可能成名比较早,懂事比较早,在小的时候也取得了一些成功或者进步比较快;而有的孩子可能懂事比较晚,属于大器晚成这一类。当我们把时间拉长,若干年后回过头来看,我们会突然发现,其实孩子的进步是非常大的。譬如有的孩子从小看起来不务正业,整天画漫画,可能后来他真的成了漫画家;有的孩子他整天跑来跑去，可能后来成为了专业运动员。如果在每一个阶段中，大家在乎的都是"我做得比你好"，或者"你做得不如我"，这样无谓的比较会徒增焦虑，带来不幸福感，严重的还会导致孩子产生厌学情绪。

所以在评价改革的指引下，我们学军小学很多年前就开展了形式多样的学业评价。比如我们设置了特长评价，孩子在其中某一方面表现优良，我们就认定他这一门的成绩是好的，像音乐课，舞蹈跳得好可以，唱歌唱得好也可以，乐器演奏得好也可以，不一定要每一项都很好。在这样形式多元的个性化评价之下，我们去观察孩子们的表情，发现他们都非常开心，甚至不觉得这是考试，他们会觉得自己是在游玩、做游戏。但其实在游戏的过程中，我们已经对孩子各方面能力与水平进行了无痕的测量。

"那么在今天，分数还重要吗？我们还要不要分数？"家长一边试着理解学校的理念，一边也坦承自己的困惑。在人生这场马拉松上，有一个又一个节点，那每一个节点我们可能都会有一个分数，无非是以什么样的形式传达给我们。等级次序其实也是分数的一种变形，但它给予孩子成长成才更多的包容，因为在小学阶段，100分是优秀，90分也是优秀，我们要给孩子一个比较宽松的成长进步空间。我也相信每一个孩子，他们将来都会成长得很优秀，在不同领域发挥自己的作用。

家长们也不用过分担心自己的孩子到底是进步了还是退步了，只要我们用心去观察就会发现，**孩子的进步和退步其实不仅仅表现在分数上。家长要更多地关注孩子心理上、生理上的变化。**孩子每天上学的时候是开心还是不开心，这是他成长过程中一个非常重要的指标。

有的时候，孩子碰到一个困难，他通过自己的努力克服后，来跟我们分享成果，我觉得家长应该会感到非常喜悦。我们更多的不是从分数中、从排名中去获得所谓的成就感，而是**从孩子心理的成熟、习惯的养成、品德的提升等方面去获得为人父母的乐趣，**这种成就感可能会更使人感到满足。而当父母把关注点落在这些核心素养上的时候，我们的孩子也会更加开心些，成长得也会更好些。

教育理想说

说给家长听的真心话：

锦囊 28：拒绝"唯分数论"

1. 人生无所谓"起跑线"的概念，我们不仅要跑得快，还要跑得远，跑得持久，更要在跑到终点的时候，达成自己比较满意的人生。

2. 人生就像一场马拉松，我们把目光放长远，不要在乎一时的得失。淡定一些，孩子可能会成长得更好一点。

3. 小学的排名真的不那么重要。有太多孩子在小学时并不拔尖，但在后来的学习阶段中，他们发生了脱胎换骨一般的变化，这样后来居上的孩子不在少数。

4. 我们可以让孩子向更优秀的孩子去学习，但最终还是要让他们做回自己。因为每个孩子的个性特点不一样，他们的能力发展阶段也各不相同，不宜"统一度量衡"。

5. 成功的标准更多时候是社会功利性的，更重要的一种成功是让自己成为一个优秀的人。孩子身体是健康的，道德是优良的，将来能够自食其力，那么他就是一个成功的人。

排名依赖几时休？
家庭教育是出类拔萃的教育

访谈嘉宾： 绍兴市塔山小学教育集团总校长、正高级教师 叶燕芬

"双减"之后，很多学校的评价方式发生了变化。原本就不太"卷"的家庭自然乐得轻松；而那些由"明卷"转为"暗卷"的家庭就坐不住了："没有用分数和排名来量化，我们不知道孩子的位次在哪里。"

老师跟家长苦口婆心："从应试时代走向素养时代的过程之中，我们的育人理念也在发生变化，不是为了分数，而是要培养一个对社会有用的人。"家长们也振振有词："我也在培养一个对社会有用的人啊，只有我的孩子分数考高了，才有机会进清华、进北大、进复旦……才能成为在尖端科技等领域有杰出贡献的人，成为对社会有用的人。"

然而每年能考进顶尖名校的人屈指可数，不确定自家孩子的分数和排名是否稳进"安全位次"，家长们的焦虑始终难以得到纾解。

可是，这个矛盾真的解不开吗？

我们的家长喜欢"看得见的东西"。**没有分数、不能排名，他们就不知道自己的孩子学得怎么样了，这其实是一种教育的"懒政"**，说明他们在教育孩子的过程中只注重结果而忽视过程。因为没有看到具体的可量化的结果，他们不相信孩子是优秀的，总是对潜在的竞争满怀忧虑。而对于孩子在独立思考能力、独立自主意识、优良道德品质等方面的养成与进步，家长们是"看不见"的。尤其现在很多学校流行"五

育雷达图",就是用雷达图来表示孩子各科知识学习的最优点和欠缺点,比如语文学科,就会细分到阅读、写作、口语表达等。现在这一代家长自己就是从应试教育阶段走来的,他们一时还无法适应这样的评价方式和标准,还持有着深刻的排名依赖、分数依赖。

归根到底,还是要改变家长的育人理念。我常常跟家长们说:"我们的教育不是为了育分,而是为了提升学生的素养。这个素养就是要把课堂中习得的知识和对问题的思考方式、逻辑思维的能力,到社会中去综合运用出来,再回到学校里,螺旋上升式地提升自己的知识水平和思维能力。""双减"在很大程度上改变了既有的教育生态,但"减轻负担、培养全人"这一点核心要义是万变不离其宗的。

当今社会,我们需要培养什么样的人?在我看来,**新时代首先需要的是一个"全人"**。这个"全人"不是指样样精通的全才,而是指人文社科打底,懂得各种道理、具备各种素养、道德品质优良的全面发展的人。**其次,要成为有一技之长的"能人"**,能在自己的专业领域成为对社会有用的人。特别要强调的是,在这里所说的"一技之长"的培养过程中,家长们不要过分干预甚至包办代替,而是要让孩子"能干什么就干什么""喜欢干什么就干什么"。**最后,真正成为一个"完人"**,我们"双减"的目的就是培养一个"完人",

也即综合能力素养提升之后，成为一个对社会有用的人，能够在平凡的岗位上做出不平凡事业的人。

为什么总有些家长枉顾孩子的意愿和真实的学情，宁可破费也要读名校、上普高、念本科、考公考编，直到找到一份让人羡慕的所谓的好工作？因为很多家长憋着一股劲，不希望自己的孩子只是做一个普通人，想要"说出去很有面子"，被夸赞"光宗耀祖""祖坟冒青烟"。很多家长对"对社会有用的人"的理解非常片面，还简单粗暴地停留在读清华北大、考公务员之上。当然，每个家长都望子成龙、望女成凤，有相当大群体的家长会有这样的思维逻辑也是人之常情。但"双减"的目的之一，也包括将家长的视角从以分数论英雄，转变到培育一个对社会有用的人上来。这里我们所说的"对社会有用的人"不仅仅针对尖端科技人才，也泛指三百六十行的工作者，即便是一个普通人，也能把平凡的工作做得不平凡。

有个很有意思的对比。在一些国家，人们觉得孩子是国家的。不只那里的学校这么认为，家长也觉得，他们只是在为国家培养孩子，所以国家需要什么样的人，他们就齐心协力培养什么样的人，能做科研的去做科研，能做厨师的就去做厨师。但在我们中国的传统文化里，大家普遍觉得"孩子是我家的"，所以我要培养他读名校、入好职，最好能"学而优则仕"，有风光体面的人生。如果孩子在政府机关工作，家长们会觉得说出来脸上有光，如果孩子是个厨师，家长们可能就不愿多谈。可见，这里涉及的是一个传统观念的问题。

我一直认为，**学校教育其实就是个保底教育，很多课程合格的标准就是学会**。也就是说，孩子只要学会国家课程就合格了。为什么一定要考 98 分？考 100 分？**学校教育从来没有说一定要把每个孩子都培养到门门考试考 100 分**。学校教育本来就是保底教育，旨在落实国家课程，让孩子在从不会到会的学习过程中，习得学科知识，习得思维方式，提升综合素养。换言之，孩子们的学习成绩参差不齐是很正常的，因为学习是个螺旋上升的过程，小学学习只是个起点，他们到了初中、高中、大学还要继续学习。

想要让孩子出类拔萃，更多靠的还是家庭教育与从小的熏陶。家庭是孩子的"复印机"，家长对孩子的影响力非常大。此外，父母要支持孩子的兴趣，他的兴趣点在哪里就让他往哪个方面发展，要支持这样的一个螺旋上升的教育。从小学到中学再到大学的课程体系，分科越来越细，其实也是在从育"全人"走向育"能人"。随着专业越来越细分，孩子能够朝着他的专业继续学深学透，在这个过程之中家长也要为教育的这种螺旋上升式的发展做好支持与配合。

说给家长听的真心话：

锦囊29：重视教育过程，避免教育"懒政"

1. 每个孩子都享受公平的教育，家长一厢情愿觉得自己的孩子一定要成为顶尖人才，会给自己和孩子太大的压力。
2. 从语文写作学习的角度来说，孩子能够写出一篇好作文，在作文中能够提炼出自己的想法，比多掌握几个字更重要。
3. 如果我们为了提高一分、两分，束缚了孩子发展的所有可能，那就把他的思维局限住了。
4. 家长要改变对"成功"、对"有用"、对"人才"的刻板印象，三百六十行都不平凡，都可以在平凡的过程之中做出不平凡。
5. 开放办学才能育"全人"，学以致用才能育"能人"。如果孩子既是一个"全人"，又是一个"能人"，那他就是一个对社会有用的人。

教育理想说

真的有人能赢一辈子吗？
心善良、行努力的人，运气不会太差

访谈嘉宾： 金华师范学校附属小学校长、浙江省特级教师 俞正强

> "赢在起跑线"这句话已经喊了二三十年。为了赢，家长们个个铆足了劲，"早教"越教越早，"抢跑"越抢越快。为了赢，有的小朋友从3岁就开始练习识字，一年下来，掌握了800个生字，而其他同龄小朋友可能才认识了几十个字。有些小朋友还没上小学，学拼音、学算数、学英语的辅导班已经上了不少，这也导致现在的一年级新生课堂"生态紊乱"。常有一年级任课教师反映新生班不好带："每个孩子的基础都不一样，已经学过的在课堂上无所事事，没有学过的一时半会儿又跟不上，很难照顾到每个孩子的学习进度。"

随着跟踪调查的不断深入，我们发现很多一开始看起来"赢了"的孩子，在经过一段时间以后慢慢地就落了下风，到后来甚至输掉了。放大到整个人生阶段来看，有的人很厉害，年纪轻轻十八九岁就成功了，但是他到30岁还是成功的吗？到40岁呢？行百里者半九十，有的人成功在20岁，但他可能输在30岁，所以才会有"人生是一场马拉松"这样的说法。教育其实是一场漫长的终身修行，老师和家长也只能陪伴孩子走过其中的一段路，更大的影响因素可能还在后面，更多的成就还要靠后续不懈的努力。

在金华师范学校附属小学的新生家长会上，我都会跟家长们探讨教育的"输和赢"。在孩子的教育问题上，我们先不要急切地定义成功，也不要想着要让孩子成功、让孩子优秀、让孩子超过所有人。当然，能成功、能优秀自然是最好的，但是我们首先要做到"不输"。

很多家长关心，那让孩子做到"不输"的标准是什么？在我看来，"不输"的标准不是认识多少个字，也不是会读多少本书，而是他的心要始终保持善良，他的行要始终保持努力。如果一个孩子，他的心地是善良的，行为是努力的，那么哪怕别人认识 800 个字时他还只认识了 80 个字，我认为也没关系，这样的孩子也是不会输的。

"数"无止境！**如果我们定义"不输"的标准是数字，那永远也比不出头，**因为"一山更比一山高"，只要比较的范围足够大，再多的人都可以拿来比较。但如果我们把"不输"的标准定义在心的善良、行的努力上，那便不需要横向比较，我们要做的就是让每个孩子都能成长为更好的自己。

我常常劝慰家长们，不要过早地把孩子放到博弈场中，特别是在义务教育阶段，而是要把他们放在一个共同成长的育人共同体中。因为这个社会从不缺乏比较和博弈，结束义务教育之后，再将他们放到更广阔的博弈场去。小学阶段，我们要将对孩子的培养定位在心的善良、行的努力上，而不是在会认多少字、会做几道题上面。

如果我们对社会上形形色色的人进行分类，从善良、努力的维度出发，可以分为以下四类：

第一类是既不善良也不努力的人。毋庸置疑，没有哪位家长会希望自己的孩子成为这样的人。

第二类是很善良但不努力的人。如果我们的孩子虽然善良但不肯努力，等到哪天自己离开这个世界，留孩子孤独地生活在这个世界上，家长们不免充满担心。

第三类是很努力但不善良的人。不善良的努力其实是一件可怕的事，因为这类孩子为了努力什么事都敢做，甚至不惜践踏社会的公序良俗和法律法规，这样的孩子往往越努力越危险。

第四类是又善良又努力的人。我相信每个家长都会很喜欢这样的孩子，都希望自己的孩子成长为这样善良努力的人。

所以，我希望家长们不要着急，与其过早地帮孩子去设计将来要读清华，还是读浙大，不如先计划成为一个善良努力的人，我们只要把这个目标定好了，心就会淡然下来。其实，**孩子最终能否成功、能否赢，关键要看孩子自己，而父母能做、该做的，是要确保他"不输"。**

"校长，我听您说的这些确实很有道理，但是不行啊！我的孩子成绩这么差，哪怕他心很善良、行很努力，又有什么用呢？成绩不好，以后没有地方可以读书啊！"有一次，一位三年级学生家长找到我，跟我倾诉他的担忧。我就跟他说："如果我们的孩子心地真的那么善良，行为真的那么努力，只要他智商正常，他都会好起来的，你要有足够的信心和耐心。"

这些话并不是为了宽慰这位家长，而是我内心真实的想法——如果一个孩子，他的智商实在不高，那么只要他心善良、行努力，哪怕真的考不上好的学校、读不了书也没有关系。这样的人，即便将来只是在小区门口开个馄饨店，也会成为小区居民幸福的来源之一。因为他心很善良，所以他选用的食材一定很好；因为他行很努力，所以他一定会包出有风味的馄饨。

相比孩子最终是否出人头地，我们最怕的教育失败是什么？就是有一天，孩子的心慢慢地不善良了，遇事慢慢地放弃努力了。**一旦发现孩子变得不善良了，认为努力是没有用的，我们就很难再进行教育了**，换言之，我们的教育已经失败了。所以，我真诚地劝诫家长们，不要用错误的方式把善良、把努力消磨掉。

10年前，我曾在学校里做过这样一个小调查：一年级时，我问小朋友，你们有什么美好的愿望吗？班上40个同学都说要争当"三好学生"；到二年级时再去问他们，班上大概有一半人不会再把争当"三好学生"当作美好愿望了；到三年级时,还想争当"三好学生"的人只剩下 10 个左右;到四年级时,就只剩下 6 个人……这是为什么呢?因为按照"三好学生"评比的比例,一个班级只能有 6 个小朋友可以获得"三好学生"称号。

明明设置这项评比的初衷,是希望同学们在荣誉的激励下变得更善良、更努力,但最后却事与愿违。我们相信,一年级时他们希望争当"三好学生",一定是出于他们的善良,希望让家长高兴,希望让自己有成就感,那一年里,他们也一定是付出过努力的。但是几个学期下来,他们就发现,被评为"三好学生"的只能是 6 个人,于是慢慢地就明白了,这世界上有些东西跟自己是没关系的。再然后,他们就不再想着去争当"三好学生"了。

大家发现没有?不想评"三好学生"这个心路历程原来是这样的。这一年里,他们原来想让家长高兴的愿望、为拿到"三好学生"荣誉的努力开始衰减了。孩子的善良和努力,其实是在不断衰减掉的,而并没有因为经过学校教育、家庭培养而发生增加。

很多家长认为孩子的善良是大人培养的,努力也是大人培养的,其实这是一种片面的想法。我想跟家长朋友们分享的是,**"孩子本来是善良的,也本来就是努力的,而我们的任务是不要用错的方式把那个善良给衰减掉,把努力给消磨掉"**。

所以在很多年前，金华师范学校附属小学就将"三好学生"评比制改革为申报制。"所谓申报制，就是学生在学期初始就定下德智体美劳等方面所要达到的目标，如果学期末全部达标了，便能获得'三好学生'荣誉。"这样一来，那些过去因为没有机会而丧失努力动力的学生就有了目标，他们不再需要通过与他人竞争而彰显优秀，他们的目标永远是超越自己，这样就形成了自立、自强、自信的良性循环。

不知道大家有没有过这样的经历：当妈妈跟 3 岁的儿子讲，你把妈妈的拖鞋拿过来，这个儿子就会乐颠颠地去拿过来，还会帮妈妈穿上，然后笑得一脸开心。可到了这个孩子 13 岁的时候，再让他帮妈妈把拖鞋拿过来，他就不怎么愿意了。这 10 年里他发生了怎样的变化？为什么会发生这样的变化？因为很多大人一旦发现孩子愿意做一件事，就经常叫他们做那件事，物极必反，等到某一天他感到厌烦，觉得"你们都不做就只是让我做"的时候，努力就衰减了。

所以，面对孩子，大人要有敬畏感，**不要利用孩子的善良和努力，更不要自以为是地以为人人都可以站到孩子的面前去教育他，** 在没有找到好的办法之前，先让他自然地成长，这是我们对孩子最大的尊重。

教育理想说

说给家长听的真心话：

锦囊 30：培养孩子善良努力的可贵品质

1. 善良是方向，努力才能缩短距离。
2. 靠加工出来的优秀,经不起时间的考验。
3. 让孩子善良努力，首先我们家长要善良努力。不要光嘴上教育孩子，却不以身作则，否则他的善良努力会慢慢消失。
4. 不好的教育是把孩子的成长曲线往下拉，好的教育是把成长曲线往上扬。
5. 在孩子的教育上，先不要定义成功，我们首先要"不输"，后面才有赢的机会。

不分场合的批评惩戒有什么不妥?
保护自尊心是教育的起点

访谈嘉宾： 杭州绿城教育集团总校长、浙江省特级教师 黄建明

> 你有没有遇到过家长当众批评孩子的场景？
>
> "这个英文单词背过多少遍了，怎么还错？怎么就这么不长记性？""我都不想看你这卷子了，回去后找你爸签字，我不管了！"地铁站里，一位妈妈边等地铁边数落着孩子。一旁的孩子始终难为情地低头不语。有些父母性子急，孩子一旦做错事，不分时间、地点和场合就批评惩戒。"孩子做错事，当然要纠正他、教育他。"家长振振有词，并不觉得自己的行为有什么不妥，甚至还因自以为的"及时纠偏"而沾沾自喜。

都说"人前不教子"，批评惩戒也要分场合。特别是对那些性格敏感内向的孩子，在大庭广众下被训斥、被批评，容易造成尴尬、委屈、不满等情绪的堆积。而对于色厉内荏的孩子来说，即便心里知道自己做错了，为了面子仍会装作不以为意甚至顶撞反驳，同样达不到教育的效果。

我常说"自尊是黄金"，一个孩子只要有自尊心，那他在同学面前、在老师面前，就始终会为了自己或集体的荣誉去努力。自尊心是一个人积极向上、接受教育的一个基本前提。在教育的过程中，要格外注重呵护孩子人格的完善。当一个

孩子人格不完善、缺乏自尊心时，教育往往没法进行下去。所以，我们一定要保护好孩子的自尊心。

那么，我们的孩子是怎样变得没有自尊心的呢？

孩子在学校里犯了错误时，老师是怎么做的？是不是一般都会把孩子叫到走廊或者办公室，单独与孩子谈话？但是同样的问题到了家长手中，情况就不同了。有相当一部分家长刚从老师那里得知孩子惹下了麻烦，转头就开始斥责孩子，全然不考虑周围是否有其他同学和家长。其实，很多时候孩子心里是知道自己做错了的。当他在学校里由于成绩不好、与同学闹矛盾、调皮打翻了某件物品等原因被批评时，他内心也承受着不小的煎熬，若此时家长再当众给他施加更大的压力，孩子内心受到"暴击"，他的自尊心也受到了伤害。

明明只要将心比心就能明白的道理，偏偏有那么多家长总要当着别人的面揭露孩子的缺点和短处，诸如"这次考试没考好""那次练习不认真""前两天刚被老师批评"等，这该多伤孩子的自尊心和自信心啊！就算孩子犯了错误，应该受到惩戒，家长也该尽量限制在私域内。有些极端案例的发生就源于孩子的自尊心受到了伤害，譬如孩子因为得不到理解而选择轻生，因为被当众批评离家出走，因为长期受到不分场合的批评而患上严重的心理疾病等，可见保护孩子的自尊心有多重要。

"那孩子犯了错就不要批评纠正了吗？"有的家长不理解，都说"棍棒底下出孝子"，自己这还没动手呢，说两句怎么了？"现在的孩子心理这么脆弱，就是缺少挫折教育！"还有的家长甚至觉得这样的批评能够磨砺孩子，是有必要的。

孩子犯了错、走了歪路，家长当然要做好规劝、引导与指正，但不能不分场合和时机。**古有"爱子七不责"，即："卑幼有过，慎其所以责让之者。对众不责，愧悔不责，暮夜不责，正饮食不责，正欢庆不责，正悲忧不责，疾病不责。"**可见，批评孩子并不是一件简单容易的事，因为批评不仅要分场合，还要看时机。

首先，从场合来看：一是大庭广众之下不宜批评惩戒。在公共场合批评孩子容易引起路人围观，这对孩子来说不啻于"公开处刑"，这种难堪带来的心理伤害是巨大的；二是有重要的人或事时不宜批评惩戒。无论是有对孩子重要的人在场，还是正处于对孩子来说重要的事件过程中，批评惩戒都会影响孩子的个人形象和个体表现，轻则使孩子自尊心受辱，重则可能影响孩子的未来发展。

其次，从时机来看：一是早晨不宜批评惩戒。早晨心情好，容易开启一天的好心情，反之则可能一天都会在郁闷难过中度过。如果一大早就被批评，孩子可能一整天都对学习提不起劲头，要是批评得狠了，甚至有可能逃避去学校；二是在饭桌上不宜批评惩戒。很多家庭平时各忙各的事，只有到了饭桌上才会一家人聚齐，聊起很多话题，但唯独不宜谈起批评的话题，因为会影响孩子的食欲，若长此以往，孩子可能会厌恶和父母一起吃饭；三是晚上睡觉前不宜批评惩戒。睡眠对于孩子的身心健康成长非常重要，这也是为第二天的学习生活积蓄能量的过程，在睡前批评，极易引起孩子失眠、噩梦等；四是父母处于气头上时不宜批评惩戒。人在不冷静的时候往往容易做出不理智乃至错误的判断，说出的话、做出的行为可能都不出于本心，也更容易恶语伤人。

因此在我看来，**人格的完善、自尊心的保护是教育的起点，也是教育最基本的要求**。而保护好孩子的自尊心，不仅是老师要注意的问题，更是家长们要注意的问题。当孩子犯了错、闯了祸时，家长应该心平气和地告诉他错在哪里、应该怎么弥补、如何解决问题、以后怎样避免等，让孩子正确认识到自己的错误。

说给家长听的真心话：

锦囊31：劝导需要把握合适的场合与时机

1. 孩子再小，也是要面子、有羞耻心的，有些问题需要关起门来和孩子讲。
2. 批评和惩戒要掌握好时机。什么时候能批评，什么时候不能批评，家长要做到心中有数，否则容易事倍功半。
3. 人都是情绪动物，孩子情绪稳定时才能更好地接受父母的意见和教导，父母情绪稳定时才能以正确的方式传递给孩子正确的价值观。批评孩子要就事论事，不要翻旧账，也不要"数罪并罚"。
4. 家长对待孩子犯错要"理性地包容"，既要指出其错处，也要给出包容的态度，让孩子有自我反省与改正的空间，既保护其自尊，又引导其自省。

教育理想说

你眼里的"没用"是真的没用吗？
发现孩子特长，关键在于坚持

访谈嘉宾： 杭州市学军小学教育集团总校长、高级教师 张军林

> 很多年前，我曾去一位学生家家访。他妈妈跟我讲："不好意思张校长，我家里就像一个动物园一样。"我一看，确实如此，那个学生在家里养了青蛙、蜘蛛、蜥蜴等一些奇奇怪怪的动物，但孩子自己非常喜欢，也真的在认真研究这些动物。
>
> 后来有一天，他拿着一张报纸来找我，说："张校长，这张报纸上讲的东西我家里就养了4种，其中有一种俗称六角恐龙，它的学名叫墨西哥钝口螈。"听完我觉得他很了不起，他能够把自己日常生活的知识跟学校里学习的知识结合起来，我很为他骄傲。现在，这个孩子在浙江大学就读生物相关专业。

作为大人，我们要更多地包容像这位孩子一样想法独特、兴趣独特、理想独特的孩子。有时候在我们大人看来没用的东西，恰恰在孩子眼里是最有用的；有时候我们觉得现在用不上的东西，可能将来是会发挥大作用的。另辟蹊径的成长不是离经叛道，而是孩子们用心开辟出来的另一条跑道。

在技能训练中有个"一万小时定律"。乔丹篮球打得非常好，但背后是他成千上万小时的刻苦训练；马龙创造了1658天外战不败的傲人战绩，但背后是他每天不知疲倦地挥

拍练习。其实我们的孩子也是一样的。

当然，发现孩子的特长、兴趣与爱好是很难的，因为孩子的兴趣爱好不仅很广泛，而且很多变。他们往往今天喜欢这个，明天喜欢那个，过几天可能又换方向喜欢另一个了，不会很快固定下来。所以家长不要人云亦云，看到什么热门就让孩子学习什么，而是要做一个留心观察孩子的人，在不停地尝试中发现孩子真正喜欢什么、适合什么。

我们有位20世纪60年代的校友，他是浙江最早获得亚运会奖牌的运动员之一。有一次返校，他跟我聊了很多过去在学军小学读书时的故事。他说那时候自己语文成绩很差，尤其不喜欢写作文，老师上课讲解生字"碰"，请他起来回答该怎么记牢这个字，他答得不是很好，受到了批评，自此更不喜欢语文了。但他对体育非常感兴趣，还有志于参加短跑比赛。当时的学军小学还只有煤渣跑道，他赤着脚在上面练习，也从无懈怠。我问他："难道你的脚不痛吗？""我不怕痛，就是愿意跑，只要在跑步的过程中超过其他人，我就不觉得痛了。"他告诉我，因为苦中有快乐、苦中有成就感，所以他能够一直坚持下来。

"喜欢才是灵丹妙药。"我们从不认为成功只有一条路径，相反，我们始终致力于让校园成为孩子成长的乐园。我们努力给孩子营造宽松、温馨、快乐的成长氛围，让孩子们在校园里更加开心、快乐、安全地成长，希望他们在这里能找到自己的好朋友，找到自己的兴趣爱好，并且将他的兴趣爱好加以发挥与展示。不仅如此，我们还通过增设课程来创设更多、更宽的跑道，让孩子们在找到适合自己的跑道的同时，能够跑得更开心、更快乐、更持久。以学军小学求智校区为例，"双减"后，我们在课后托管服务时段开设了138门课程。这138门课程实际上就是138条跑道，孩子们可以选择合适的跑道，欢快地去奔跑。在这个过程中，其实无所谓起跑线，也无所谓终点线。

我们希望每一个孩子都能在学军小学充分发挥特长，所以每学期我们都会给予孩子一次选择的机会。譬如一年级他可以选择绘画社团，二年级可以改选音乐社团，到了三年级，他突然想去踢足球了也可以……但是当他发现自己真正喜欢的东西时，我们会鼓励他尽可能地纵向发展，把自己喜欢的东西变成自己擅长的东西，并长久地坚持下去。

我希望家长始终能有这样的认识：孩子和孩子是不一样的！就拿学习弹钢琴来说，其实不是所有孩子都适合弹钢琴。但据不完全统计，中国目前有6000多万名在学钢琴的孩子。毫无疑问，中国肯定不需要6000万名钢琴家，到最后能真正成为钢琴家的只有凤毛麟角。大量的琴童或因为学业压力，或因为兴趣转移，或因为学无所成，中途就放弃掉了，这实在是很可惜的。所以我常说，要善于发现孩子的兴趣特长并坚持下来，其中，坚持是最关键的。

很多家长一开始其实不知道孩子有什么特长，我都会劝他们"放手让孩子去玩"。我们平时都说要"挖掘特长""发现潜能""激发兴趣"，可见**兴趣特长是很隐蔽的，甚至"蛰伏"在孩子的内心深处，需要我们"激活"与"唤醒"**。所以，孩子想要玩什么就让他先玩什么，只有在玩的过程中，孩子隐性的喜欢与特长才能相对显性地表露出来。但如果他们真的表现出有某方面的特长，那家长们一定要帮助孩子坚持，不要轻易放弃、半途而废。

一个孩子要成才，坚持是很重要的。孩子天性好奇心强，他们一会儿喜欢这个，一会儿喜欢那个是很正常的，这时就需要家长们从旁助力，帮助判断哪些兴趣爱好能让孩子终身受益，而不能为了所谓的孩子自己的意愿，拿起很随意、放弃很草率。我们都说"行百里者半九十"，**许多有特长的人并不是输在起跑线上，而是输在中点，因为在中点的时候他就放弃了。**

对于家长来说，一方面要心软，要不遗余力地创造条件去培养孩子真心喜欢的特长；另一方面又要心硬，当我们发现孩子有兴趣、有天赋，也有条件去实现他的特长时一定要"咬定青山不放松"，因为**特长往往都是一开始喜欢，慢慢**

地觉得辛苦，最后要成功，靠的都是不怕苦、肯吃苦的坚持， 所以这个时候家长"心要硬"。

帮助孩子坚持兴趣特长，并不是说一定要孩子成名成家，这是家长要避免走入的另一个误区。我们希望孩子至少有一项能受益终身的特长，比如自小学钢琴的孩子，即便最后没有成为钢琴家，至少将来工作疲劳了，他可以弹一首钢琴曲自娱自乐放松一下，抑或在必要的社交场合把钢琴当作拓宽社交的一把钥匙，这也是很好的结果。所以，我们在给孩子选择特长加以培养的时候，一方面要予以很大的期望，另一方面要理性包容地对待。毕竟，社会需要各种各样的人才，孩子在任何行业、任何领域能做到比较出色都是很棒的，家长们在给孩子做选择时，不妨把视野放得更宽阔些。

说给家长听的真心话：

锦囊 32：成功不只一条路径

1. 发现孩子特长，关键还要坚持。很多人并不是输在起跑线上，而是在中点就已经放弃了。
2. 对待孩子特长的选择要理性一些，不是所有的孩子都适合弹钢琴，也不是所有的孩子都能通过努力成为画家。不要鼓励所有的孩子都去抢同一条跑道，我们要把跑道做多，把跑道拓宽。
3. 要创造条件让孩子的各种特长都能够得到发挥，老师和家长一定要懂得并善于欣赏孩子身上的特长。
4. 是否能做到最好、做到顶尖主要还是依靠天赋。努力可以让你变得优秀，但天赋可以成就你的卓越。家长们要理性地看待孩子的特长。
5. 要让孩子找到符合自己天性的特长，这样他就愿意去学习、去训练、去努力。现在的孩子不是不愿意吃苦，而是不愿意去吃他不喜欢吃的那份苦，他们往往更愿意为自己喜欢的东西付出持久的努力。

教育理想说

静待就一定能花开吗?
孩子的时间是个常量,要"做待花开"

访谈嘉宾: 金华师范学校附属小学校长、浙江省特级教师 俞正强

> 有一天,有个老师来找我,说有个孩子实在没办法教了,他不肯做作业。我就问这位老师,他是什么时候开始不肯做作业的?那个时候发生了什么事情?当我追根溯源回到事情发生的源头,却发现老师常常回答不出我的问题。"这些问题回答不出来,作为老师,你也应该反思。"
>
> "用心守护,静待花开"这句话被很多老师、家长奉为圭臬。但很多人往往忽略了这句话背后的两个逻辑起点:一个是要在正确的方向上"静待花开",还有一个是在静待花开的同时"默默耕耘"。

也许很多人还记得当年爆红网络的一段关于"静待花开"的解析:

每个孩子都是一朵花,只是花期不同。有的花开在春天,有的花开在秋天。当别人家的花在春天开放时,你不要着急,也许你家的花会在夏天盛开。如果到了秋天还没有盛开,你也不要着急得跺脚,说不定你家的花是株傲雪凌霜的腊梅。真正的园丁不会在意花开的时间,只会默默耕耘,静待花开!

虽然我们常说要"慢养孩子,静待花开",但面对种种压力,家长们往往会自觉或不自觉地陷入竞争焦虑,忘记了

养育孩子的初心，是希望孩子能拥有我们所希望的美好品质和更多的知识。为此，家长们愿意花费很多时间和精力，带孩子参与更多课程、活动和项目。音乐、美术、运动、舞蹈……各种各样的课外班、补习班侵吞着孩子的童年时光，也让他们一步步陷入"教育过剩"的学习危机中。

商品过剩导致经济危机，**教育过剩也会导致学习危机。**教育过剩会使孩子对学习产生退缩、回避、讨厌、排斥等反应，即使成绩优秀的孩子也往往不能例外。当然，**教育过剩最大的危害是榨取了孩子们最宝贵的时间。**

孩子们的时间是个常量。常量，意味着孩子们的时间就只有那么多。如果一个孩子原来用那么多的时间学习 A、B 两门课程，当我们增加 C 课程后，很可能会使孩子失去对 A、B 两门课程本应有的理解水平。

这个世界有耕地，有沙漠，有沼泽，有草甸……各种对人类有利、不利的东西，共同组成了这个多样的世界。同样，孩子的时间，既包含了学习与思考的"精致"时间，也包含吃饭与睡觉的"生活"时间，还应有"无所事事"、追逐虫鸟的"闲散"时间。如果我们让孩子将"无所事事"、追逐虫鸟的时间全部用来读书，并不断挤压吃饭、睡觉的"生活"时间，就如同将这个世界所有的荒漠、沼泽、草甸都开发出来种地一样，也许短期内增加了孩子们的知识量，但从长远看却损害了他们的多样性、丰富性、自主性、独特性和身心健康。

因此,我们呼吁教育要注重边界感,不要随意给孩子增加课程与任务,对孩子揠苗助长。相比之下,"静待花开"的教育理念肯定更稳妥合适一些。但如果我们真的把静待花开奉为圭臬,作为我们的教育理想,那必然又会陷入另一种错误当中:如果只是静待花开,什么也不做,倘若孩子正处在需要提点和帮助的时期,如果我们"坐视不理",那就很可能让他错失成长的机会。

与"静待花开"相对应,这几年出现了一批"佛系家长""躺平家长"。他们看似当起了"甩手掌柜",任由孩子"野蛮生长",但他们是真佛系吗?其实不然。**所谓的"佛系",不过是他们在努力了之后放弃的一个阶段,他们是变得"佛系"的,而不是生而"佛系"**。譬如开头那个不肯做作业的孩子,肯定也有某个不为外人知的时间点,他的失望超过了某个限度,便突然就"躺平"了。这就好像灯泡的钨丝突然断掉一样,其实它曾经是亮过的。

那些"佛系"家长一定也曾满怀希望过,但他们后来就慢慢地接受了自己"平庸"的孩子。如果在关键的时间节点上,他们的孩子能得到较好的帮助和指导,可能就会更优秀了。

在没有更好的办法之前,静待花开无疑是一种自然而无奈的选择。但这不是唯一的选择，我们更应该去不断努力、不断寻找。在做的过程中，花期自然会来，花自然会盛开。

当你羡慕别人家的孩子出口成章、文思泉涌时，人家可能从孩子很小的时候便开始坚持亲子共读，用你玩手机、看电视的时间陪孩子走过了山川湖海、展馆和书店；当你羡慕别人家的孩子身姿矫健、多才多艺时，人家可能一有空就带着孩子开展亲子运动、兴趣探索，用你瘫倒在沙发上的时光拓展了生命的宽度与厚度；当你羡慕别人家的孩子博学聪慧、思维开阔时，人家可能有意识地将生活当作了课堂，让孩子在参与生活劳动中习得知识、掌握技能……

所以，相比"静待花开"，我更建议"做待花开"，在对的做法上面等待孩子花开。**在孩子的"常量"时间里，我们要分辨什么事情最重要，做好最重要的事情，其他事情可以留待日后，因为孩子正处于成长过程中。**

教育
理想
说

说给家长听的真心话：

锦囊 33：合理把控教育边界感

1. "静待花开"有时候是一个借口，我们经常会说要静待花开，其实这句话是针对做对的人来说的，对于更多人，还是要"做待花开"。
2. 当你不能确定某个方法是对是错的时候，那么不如先让孩子自然地成长。
3. 对孩子的时间"常量"要心存敬畏。如果我们肆意占用孩子宝贵的时间，不断增加看似有用的任务，效果只会适得其反。
4. 教育是没有"真正的"成功的，当下的成功不一定是永远的成功，所以我们要充满警惕。

"双减"后,家长如何带娃?
家长应多参与到学校的育人活动中

访谈嘉宾: 绍兴市塔山小学教育集团总校长、正高级教师 叶燕芬

> 现在的孩子都很聪明,他们有机会接触各种新潮的知识,说起网络热门话题来常常头头是道。但是被问及生活中的知识,很多孩子就"两眼一抹黑"了,生活常识反倒成为他们的知识盲区。究其原因,是因为他们平时对生活疏于观察。
>
> 孩子是否学会观察生活,这是很重要的,因为很多知识不是教会的,是他们在观察中"看会的""悟会的""活会的"。这往往也是最容易被大家忽略的。观察是什么?观察不仅仅是用眼睛看,还要用耳朵听、用鼻子闻、用心去感受,是一个"五感"打开的过程,把这种感受记录下来才叫观察。

在我女儿小时候,每到周五晚上是不额外安排学习任务的,我们会带着她坐公交车逛商店。女儿很小就知道服饰的流行趋势、首饰的设计元素、化妆品的正确使用方法等,这些都来自她周五晚上的所见所闻。我们并不提前计划好出行路线,所乘坐的公交车也是随机选择的,这样反倒让女儿把整个绍兴的公交线路图都记在脑海中,无论需要在哪里转车都不怕。这些都是她在观察生活中习得的能力。

教育理想说

"双减"政策刚出台那会儿,我们曾邀请校级家委会的成员代表参加座谈。话匣子一打开,家长们或迷茫或焦虑或吐槽的声音接连不断,其中最困扰家长的问题就是:"'双减'后,家长在家如何带娃?"

在我看来,在培养教育孩子这件事情上,家长一定是学校的同盟军。我们塔山小学很早就倡导要家校社协同育人,这两年还将其纳入到党组织领导的校长负责制的范畴内,在党建契约的引领之下,团结家庭的力量、社会的力量。在跟学校周边10多个社区缔结党建契约联盟之后,我们在每个社区都创设了一个亲情公益的实践点,并称之为"亲情公益圈"。在这个"圈子"里面,学校老师可以发起公益项目,社区工作人员可以发起公益项目,家长朋友也可以发起公益项目,唯一的要求就是必须由家长带着孩子共同参与。

譬如帮助孤寡老人的亲情公益项目,活动一经发起,名额就被各行各业的家长们"秒空"。家长是医生的,为孤寡老人做健康体检;家长学法律的,给有需要的老人提供法律援助;家长从事维修工作的,帮助老人解决实际的生活困难……在整个公益活动的过程中,孩子们则专注为老人带去快乐,拉小提琴、唱歌、跳舞、讲有趣的故事、和老人聊天,等等,他们也在以力所能及的方式增加老人的幸福感。

其实对于学校来说,组织学生开展公益活动早就不是什么新鲜事了，甚至不少学校还有定时定点去参加公益志愿服务的签约项目或机构。但我们的目的是要**把家长共同拉进这个"圈子"里，让家长参与孩子成长成才的全过程**。所以我们设计了一整套亲情系列活动，包括在家里开设"亲情厨房"，家长跟孩子一起做菜；与绍兴市越城区体育中心合作推出"亲情亚运"系列活动，包括了亲情乒团、亲情羽团、亲情跑团等多个项目。家长们也很喜欢，以前都是让孩子自己运动或者带着孩子运动，"有了一个'团'之后，我的孩子跟其他孩子可以组织在一起，这样运动起来更有动力、内容更丰富，孩子们也更喜欢。"家长反馈都说效果非常好，不仅孩子之间可以增进交流，家长之间也多了沟通的契机。

"双减"之后再来谈家校社协同育人，首先要强调开放的理念，在开放育人的大框架下的学习，才是符合学习逻辑的。让家长尽可能参与到学校所有的育人活动当中，一方面是出于育人的需要，全员育人自然少不了家庭这重要的一环；另一方面是出于家长的需要，家长对孩子有陪伴的责任与义务，**特别是那些亲子陪伴没有做到位的家长，更要珍惜学校创造的各类活动机会。**

作为学校，我们在努力打破围墙、打开边界，让学生回到真实的生活空间，去向生活学习。对于家长，我也希望他们能树立起"向生活学习、在实践中成长"的教育理念。**因**

为从学习逻辑来讲，在课堂上习得的知识，只有到社会上学以致用后，再回到课堂上来，才能融合学生自己的体会和感受，经过内化与反刍，成为他自己的知识。 只有当学习逻辑和生活逻辑相互融合，才能为孩子将来走向社会打下一个坚实的基础。例如孩子们在语文课堂上学了陆游的诗，此时他们对陆游及其诗歌的理解，还只是局限于这一首诗。但是我们带孩子走进沈园，在参观沈园的过程中感受陆游一生的成长经历之后，再让孩子来品读那首诗歌，他们对于诗歌和诗人或许就会有新的感悟。

所以家长们总是觉得"把书读好就行了，其他的不用你管"，这个观念其实是错误的。社会是更大的课堂，我们不仅要引导孩子读好课本的知识，还要向生活学习、向社会学习，将课堂上习得的知识和思维方式带到生活实践中，将自己的理解融入实践过程中，这也是检验我们知识真伪和课堂效率的最好方式。

说给家长听的真心话：

锦囊 34：积极组织并参与家校协同育人活动

1. 真正的家校社协同，是要将学生品德、家庭美德跟社会公德"三德合一"。
2. 家长对孩子一生的影响是非常大的。即便走入学校教育之后，家长依然是孩子模仿的对象，依然是孩子最好的老师。
3. 不是书本的知识才算知识、课堂的学习才算学习，家长要在平时多带着孩子向生活学习，做一个生活观察家。
4. 不是每个家庭都有资源和机会来开展高质量的亲子互动，所以学校作为家庭和社区的桥梁，组织策划的一些面向学生及家长的开放社会活动，便显得尤为重要。
5. 这几年中考、高考的出题方向其实已经发生改变，更提倡以解决生活中的实际问题为思路来出题，这也说明我们课堂内习得的知识要融入生活中。

是育人？还是消费？
家长的需求不能代替孩子的需求

访谈嘉宾： 杭州市崇文教育集团党委书记、总校长、浙江省特级教师 俞国娣

"你来，我培养你的孩子；你不来，我培养你孩子的对手。""报1个班享原价，报2个班享8折，报3个班享6折，报5个班再送你1个班。"……"双减"前，你有没有被这样的宣传广告轮番"轰炸"过？

一个小朋友去补课了，全班都跟着去补课；一个班级在补课，全校都开始补课；一个学校在补课，所有学校都开始补课……"双减"前，这样的现象你是不是司空见惯？

说起以前的校外培训机构乱象，家长们各有各的苦水，却因为"剧场效应"，而难以抽身。特别是看到培训机构展示的各种"光荣榜"，哪怕明知这样的孩子凤毛麟角，家长心里仍有一丝期盼："为什么就不能是我家孩子呢？"

在这样的氛围里，前几年，形形色色的培训班、补习班越开越多，从打名师战到打价格战，花样百出。令我担忧的是，这些抢占校外培训市场的资本，究竟在卖东西还是在培养人？如果是培养孩子，那就应该关注孩子哪方面需要学习、哪方面需要补课、哪方面有潜能、哪方面需要助力，而不是一味"卖东西搞促销"。

自2021年7月"双减"政策重拳出击后，学科类校外培训乱象得到有效治理，非学科类校外培训也愈加规范。然而一段时间后，资本逐利的苗头又"死灰复燃"，校外培训改头换面为隐形变异培训、踩界擦边培训，又悄然抬头。面对这样的新情况，我们的家长要去读懂培训机构的商业逻辑——他们不是在培养人，而是在消费人；这不是一种育人行为，而是一种商业行为。

有一个问题想问问各位家长。有没有哪门学科的老师跟你说,在该门学科上你的孩子需要送培训班、辅导班去加强一下?想来应该是没有的,因为老师们在校期间的教育已经相当用功、用心。但即便有,家长们也可以跟老师探讨一下:"我的孩子在课堂上有哪些问题完成不了?""到了必须要参加课外培训的程度吗?"我认为,**至少在小学阶段,没有老师可以做出"日常教学孩子会学不好"这个判断,因为现在的学校教育已经做得很充分了。**

那么,家长们又是基于怎样的判断,才觉得需要送孩子去培训班"加餐"呢?在与家长们交流座谈的过程中,我发现以下几种原因较为普遍:

第一种是家长觉得辅导孩子有心无力,受能力水平所限,自己可能尽不到家长的责任。**这部分家长往往有意无意地把教育责任转嫁给他人,在学校时转嫁给任课老师,出了校门就转嫁给培训机构。"钱到位了就是我责任到位了,至于学得怎么样那是孩子自己的事情。"**在他们眼里,自己给孩子花过钱了,也花时间接送了,已经做了所有该做的事情,自己的任务就完成了。

第二种是家长因为工作繁忙实在没有时间精力管孩子,既担心孩子独自在家不安全,又不相信孩子的自主管理能力。这部分家长觉得与其自己因为挂心而耽误工作,不如把孩子送到培训机构去图个省心，能学到东西固然好、学不到也无所谓。在他们眼里，跟自己的前途事业相比，孩子的一部分权益是可以让渡与妥协的，他们甚至还会觉得送孩子去培训班是更负责任的表现。

第三种是孩子在学科学习上确有短板，家长不信任学校教育可以帮孩子补齐短板，抑或想通过校外培训"后来居上""弯道超车"。这部分家长对孩子学习有成绩、排名的焦虑，光在校期间学习的"正餐"已经满足不了他们对孩子出类拔萃的期盼，因此不惜牺牲孩子的课余时间"加餐"。在他们眼里，没有什么事情比学习更重要，没有什么比孩子成绩出挑更重要，至于身心健康、兴趣特长等反倒成了"说起来重要、做起来次要、学起来不要"的存在。

第四种是家长想通过培训班集训让孩子去冲击名校、竞赛等机会，或者想"超前抢跑"，譬如"公民同招"前挤破头想进好的民办学校、幼小衔接时提前学习小学课程等。这部分家长往往竞争意识很强、对孩子的期待值很高，从小就帮孩子规划好一条"名小学、名初中、重点高中、重点大学"的晋级之路。在他们眼里，自己有义务为孩子创造最好的学习条件，有哪个环节没做到位就是家长的失职。

其实家长也是从学生时代过来的，**他们得清楚每个人都是有差异的，不可能人人都在金字塔塔尖；但随着身份变化，**

当他们从学生成为家长时，就对自己的孩子产生了并不完全切合实际的期待。所以，我也很想劝家长们一句：不要把自己没有得到的东西全都转嫁给孩子。

可怜天下父母心，但好心也常常办出"坏事"。上述四种报读培训班的原因虽然各有不同，但都存在明显弊端：第一种虽然由更为专业的培训机构教师来承担孩子的课业辅导任务，但家长却容易陷入"花钱买心理安慰"的自我满足，没有真正承担起家长应尽的责任；第二种虽然在很大程度上保证了孩子的安全和管理，但孩子的学习往往是低效率甚至无效率的，实则浪费了孩子的闲暇时间，也扼杀了闲暇时间可能创造的成长价值；第三种和第四种虽然有明确的学习目标，但在给孩子增加了大量课业负担的同时，还平添了许多心理负担，尤其对少数上再多培训班成绩也难以提高的孩子来说，反而容易增加他们的厌学情绪。

不难看出，**大量的培训班其实并不是孩子自身需要，而是一种家长的自我满足和自我安慰。**枉顾孩子意愿就将他送到培训班，这个做法很可怕的地方在于：超额学习把孩子的时间都浪费了，把孩子的独立性都取消了。如果一个孩子没有充分的时间去自我成长，去独立安排自己的生活，我觉得这对孩子的伤害是很大的。不仅如此，孩子天生就是一个思考家，脑子里整天都是"十万个为什么"，如果我们总是送他去参加"找答案"的培训班,极易把孩子的创造力扼杀在起始阶段。

为什么前几年各种培训班如此层出不穷?是因为培训机构要生存,而不是你的孩子要生存。培训机构的课程也不是为了培养你的孩子而开发的,而是为了吸引你去报班,为了让你心甘情愿地交出培训费。不同的孩子在不同的年龄阶段,都有着特殊的成长发展关键期。譬如学习数学的关键期,要到小学三年级左右才会出现,让学龄前的孩子也去"卷"奥数,是可笑且可怕的。

因此,我希望每个家长都能真正尊重孩子的意愿,问问孩子"你要不要去""你想要做什么"。如果是孩子自己对某方面知识很感兴趣,很想去学习,那家长就要尽可能为孩子提供学习的条件,让他找到可以跟他共同学习的伙伴;但如果孩子不喜欢,你千万不要出于自己的意愿就盲目送他去培训班,甚至送到他产生厌学情绪。

至于孩子在学科学习上确有短板的,在学校里就可以实现补短。如果我们能够培养孩子发现自身学习不足之处的能力,并主动去跟老师探讨、沟通,进而共同制定补短的学习计划,那这样比孩子去上课外培训班的效果不知道要好多少倍。因为孩子哪些方面学得还不够,或者说哪些孩子需要适当补课的,除了孩子自己知道外,就只有教他的老师最清楚。

说给家长听的真心话：
锦囊35：培训班是家长的一种自我满足和自我安慰

1. 是培训机构要生存，而不是你的孩子要生存。培训班不是在育人，而是在营利。
2. 给孩子参加"找答案"的培训班，是在扼杀孩子的创造性和探究能力。
3. 家长送孩子去培训班是花钱买心理安慰、转嫁教育责任。
4. 家长的需求不能代替孩子的需求，更不能代替成长的需求。
5. 课外培训班不会根据某一个孩子的特点来设计，而是根据他们培训班的整体情况、培训机构教师的教学计划来设计的。但每一个孩子所需要补习的内容和方向是不一样的。

教育理想说

花了钱就尽到责了吗？

从"双减"到"五育"，家长的责任是增加的

访谈嘉宾： 杭州市上城区教育局党委书记、局长 项海刚

"双减"政策落地后的第一个周六，我带着孩子去动物园时发现，虽然天气炎热，但是动物园里的游客非常多。售票员告诉我，"以前这么热的天气游人很少，但今天不一样，今天来的孩子和家长特别多。"走到大象馆外面，我们遇到一位二孩妈妈，大儿子上小学了，小儿子还抱在手里。

"妈妈，你看这个大象老是待在这么小一个空间里，它会不会抑郁啊？""那当然会啦！""妈妈，我整个暑假都没出来，你知道吗，我也快抑郁啦！""怎么会呢？今天不是带你出来了吗？""可是今天才是第一次啊！"……

听着这位大儿子和妈妈的对话，我百感交集。孩子内心希望能更多地接触大自然、接触社会，但以前，他们的双休日都被繁重的课业负担和培训负担塞满了，没有自由的空间，能够出来玩的时间和机会非常少。家长们也满足于接送孩子辗转于各个培训班之间，"越是转起场来像打仗一样，家长越觉得自己称职"。

"看着别人家孩子一个个都去上培训班，如果我们不上，我们就觉得对不住孩子。"很多家长跟我交流，花钱把孩子放到培训班去，很多时候也是出于让自己安心的想法。其实，这样的想法是错误的，"花钱买责任"是家长们的误区。这种靠花钱买来的责任实际上反而是最不负责任的表现。

不知道大家有没有观察过小区、公园、博物馆，这些地方以前是不太能看得到中小学生身影的。"双减"以后最明显的一个变化，就是孩子从书山题海里走出来，从家和培训班里走出来，出现在社会的各个角落。

作为教育工作者，我是非常拥护和支持"双减"的。早在2021年3月，我们杭州市上城区就提出"每周一天家庭日"的倡议，希望每个家庭每周至少抽出一天时间，全家人一起做一些有意义的事情，让孩子感受家庭的快乐和温暖，享受成长的幸福与乐趣。那时"双减"政策尚未出台，但我们已经意识到父母陪伴孩子的重要性，希望能从培训机构那边"抢"出来一天时间，当时我们的想法也很简单，就是希望让家庭教育也能回归育人初心、回归"五育"并举。

"每周一天家庭日"的倡议说难不难，因为陪伴孩子成长本就是为人父母的职责所在；说不难也难，我们有许多家长抱怨，说自己周末忙于加班应酬，真的很难抽出时间。这也是那么多自顾不暇的家长无奈"**花钱买责任**"的客观原因，"**繁忙的工作已经消耗了大部分的精力，自己已经没有力气再带娃，只能把孩子送进培训班才稍有喘息。**"同为成年人，我们理解家长肩头的担子，但凡有喘息的可能，谁不想放松一下、喘一口气呢？

可是"双减"政策，从源头上规范整治校外培训机构，家长的这口"气"没有了出口,"当家长们不得不肩负起亲自带娃的责任时,他们会想出很多办法来应对。"我始终认为我们这一代家长是很聪明的,他们对于教育理念有想法、能认同,可能少的只是一个践行的时机。"双减"就是这样一个时机,它来得恰如其时。

在我看来,"双减"在减轻作业负担和校外培训负担的同时,还是一种"回归",主要表现在5个方面:

"第一回"是教学主体的回归。教育应当以学校为主体,回归学校这个教育主阵地,学校要承担起学业教学和教育质量提升的任务。

"第二回"是教育本质的回归。教育的本质就是指向学生核心素养的培育,它包括体育、艺术素养,学习中的方法、策略、习惯,以及抓住事物本质的能力等。对于校外培训机构,以及部分社会力量来说,"双减"引导其从逐利的方向回归到为孩子提升素养这个教育的本质上来。

"第三回"是社会公益场馆功能的回归。社会是个大课堂,展览馆、博物馆、科技馆等很多社会公益场馆里都蕴藏着丰富的知识,**孩子们从培训机构走向社会公益场馆,其实是换了一种形式与内容的学习**,但这是孩子喜闻乐见的。

"第四回"是社区功能的回归。社区原本就是一个小型的社会交流场所,社区里的大人小孩之间可以彼此互动与交流，共同地来做一些事情。

"第五回"是家庭教育、家庭责任的回归。利用傍晚和周末的时间，父母带孩子一起出门的情况明显增多，他们能够一起参与一些活动，这样的经历对孩子的成长是非常有利的，也能营造出和谐有爱的家庭氛围。

从"双减"到"五回"，其实是在为错误的教育理念与行为"纠偏"。孩子在学业上"松绑"了，拥有了更多家庭时间，家长们也需要及时更新育儿观念，理性规划孩子的发展方向，构建和谐的亲子关系。所以我们说"双减"其实增加了家长的责任，而不是减少。所以家长要考虑"可以带孩子到哪些场馆去？""参观展馆有哪些人文意义、自然价值？"等问题，要提前做好功课，而不是"脚踩西瓜皮，滑到哪里算哪里"。

我个人建议，孩子小一点的时候，可以多去参观一些自然的展馆，自然的景观可以让孩子在人与自然之间构成一种交织的关系，也能让孩子以后对生物多样性、动物保护、环境保护、天文地理等知识有初步的认识。等孩子再大一点，可以考虑多带他们参观一些人文社科类的展馆、展览和遗址、遗迹，让他们对人与社会的发展变迁和文化繁荣有更深入的了解。此外，也可以增加一些人际交往和社会活动，比如参加社会组织、青少年宫等组织的活动，或是几户人家共同组织策划一个活动等，让孩子在活动中建立起人与人之间的交往。

孩子的人生观、世界观、价值观不仅是从书本里获得的，更是从实践中获得的。我们的家长要利用闲暇时光，帮助孩子构建起人与自然、人与社会、人与人这3个层面的关系，也要根据孩子的喜好和不同年龄阶段的特点，引导孩子构建起对这个世界的认识与价值判断。

说给家长听的真心话：

锦囊36：家长应自觉肩负起教育责任

1. "双减"从某种意义上来说，更是一种"回归"，家长尤其要回归到家庭教育的责任当中，将曾经逃避的，或用金钱置换的责任，重新捡起来。

2. "花钱买责任"的认识误区，反映了家长没有真正掌握家庭教育的内涵。

3. 用非学科类培训填满孩子的闲暇时间，同样是不负责任的表现。要让孩子自己来规划安排闲暇时间的内容。

4. 靠培训班补短是补不出来的，不如选择扬长。家长要重新认识自己的孩子，看清楚自己的孩子是一个拥有怎样潜质的人，并努力让他的优势充分发挥出来。

5. 孩子的成长与亲子关系、人格健全、人际交往息息相关，这是父母孩子要共同完成的事，也是孩子人格成长的重要内容。

教育理想说

该躺平还是该奔跑？
"吃饱""吃好"更重要

访谈嘉宾：杭州市崇文教育集团党委书记、总校长、浙江省特级教师 俞国娣

> 在其他学校学生竞相报读各类培训班的那些年里，杭州市崇文实验学校就启动了一项数据统计，统计学生每年都报了哪些培训班。"如果有的家长整天把孩子往培训班送，那么不管他在其他方面做得多出色，我们也不会把'模范家长'的荣誉颁给他。"
>
> 在严控学生参加培训班的同时，崇文还给学生们留出了足够的成长空间。让喜欢游泳的坚持游泳、喜欢书法的坚持练字、喜欢运动的坚持奔跑。在一系列举措的长期坚持下，崇文学生的成长状况都非常好，各种质量监控结果、各项个性化成长数据、音体美等领域的竞赛成绩也十分喜人。学习变得有趣了，孩子们也变得更主动了，因为他们的学习生活是张弛有致的。他们有紧张充实的时候，有自我要求的时候，也有自己的放松时刻。他们可以找到自己的兴趣点并为之去奔跑、去努力，还可以在更大的舞台上展示自己的兴趣特长，整个人都变得自信阳光起来。
>
> 人生是需要奔跑的，只要每一个孩子都能朝着自己的潜能去发展，朝着自己的个性特长去努力，就是一种积极阳光地奔向朝霞的姿态。

"双减"前后，我们发现有这样一类家长：过去他们被其他家长裹挟着，不得不送孩子参加各种学科类培训班；"双减"政策落地后，随着学科类培训班的规范整治与大量取缔，他们心安理得地彻底"躺平"了。

当然，**家长"躺平"还不可怕，可怕的是家长这种"躺平"的心态会传递给孩子**。特别是小学阶段的孩子，无论是学习方法、学习习惯还是学科思维，都处于打基础的阶段，如果这么小就开始"躺平"了，什么都不努力、不追求了，那是万万不可取的。关于"躺平"，有以下几种情况需要引起家长的警惕与重视：

第一种情况是借"双减"之名，让自己永远处于舒适状态。"学海无涯苦作舟"，学习不是一件轻轻松松就能取得回报的事，辛苦是必然的。在求学路上，我们固然不能揠苗助长，但也不能浅尝辄止，总待在自己的舒适区里，而不去做更好的学习、更多的努力。孩子如此，家长亦然，如果我们老老少少都"躺平"，这个社会如何前进？

第二种情况是家长将培训班视为"救命稻草"，没有了这根"救命稻草"后，突然发现自己无处用力。"他们已经被培训这种习惯势力所裹挟，不适应骤然放下担子的那种轻松。就像从一个黑暗的房间里头走出来，看到满眼阳光的时候，他们刹那之间睁不开眼，还不能适应这种美好的样子。"有劲没地方使，让家长产生了深深的无力感和空虚感，他们找不到努力的方向，索性就放弃努力了。其实，人生有意义的事情那么多，又何必把孩子"绑定"在培训班里呢？

第三种情况是"打了鸡血"的家长开始转移战场，在学科类培训上"躺平"的他们,开始在非学科类培训上"内卷"。这部分家长过去将送孩子去培训视为送孩子去"打仗",目的是获得各种奖牌、取得各种胜利。"双减"后,战场没有了,他们就把战场转移到另一类培训班上。此消彼长,"双减"就等于"减了个寂寞"。

不知道大家有没有看过马戏表演,我是很不忍心看的。我觉得让原本不会做算术题的小狗去做算术题,让那笨拙的小熊去走钢丝、滚圆木,都是违背、扭曲动物的天性的。其实小孩子也是一样的,我们要遵循孩子的成长规律和不同学龄段的教育规律,科学育儿。家长既不要因为学科类培训班被取缔就放弃对孩子学科学习的重视,也不要因为学科类培训"卷"不起来就拼命往体育、艺术等非学科类培训班赛道上"挤",要谨防孩子被非学科类培训班填充得"反胃"。

我们一直强调,孩子最好的学习就是在学校里,当他如期地进行了学校的学习,其实已经完成了最重要的学习任务。现如今绝大多数学校都开设了丰富的艺术类课程、体育类课程、素养类课程和拓展类课程,其他各种学科知识的学习也都结构合理、递进有序、符合教学大纲要求,**我们的孩子在学校里吃好了"正餐",吃饱了"辅餐",完全不需要靠课外再去"加餐"**。

对于家长而言,我们更要警惕学习中的"夜宵现象""加餐行为"。在饮食上，如果正餐不好好吃光想着晚上饿了可以点外卖、吃夜宵，长此以往容易给肠胃带来额外负担，引发积食、肥胖等问题。同样地，我们把这一理念援引到学习上，过分依赖校外培训，在加重孩子学业负担的同时，也消减了他们对常规课堂的重视度与专注力，一环跟不上、环环跟不上，会极大地影响课堂内的学习效率。

至于一部分家长企图用非学科类培训班来填满孩子闲暇时间的做法，我觉得更不可取。因为"夜宵"吃得太饱是很容易"反胃"的，与其让孩子们产生"厌食症"，不如叮嘱他们"吃饱""吃好"学校里的"正餐"。在适当选择"有营养"的"夜宵"时，也要注意与孩子的"口味"适配。要先看看孩子有没有这方面的特长、潜力，看看孩子是不是喜欢，有特长就让他去培训、有潜力就让他去挖掘，这是很关键的。

请家长放心，学校教育都是很负责任的，你不用担心，风物长宜放眼量，未来是有无限可能的。即便到最后真的成绩平平、没有特长，我们的孩子仍然可以用勤劳的双手养活自己，可以用勤劳努力的方式让生活变得充实而幸福。

说给家长听的真心话：

锦囊 37：倡导张弛有度的个性化成长

1. 人生不可以"躺平"，人生是需要奔跑的，人生是用来奋斗的。
2. 意志力的培养可以锻炼孩子的抗挫折能力。孩子提出要求，家长不要一味满足，有些事情应该让孩子自己去争取。孩子遇到一点儿困难，家长也不要马上表示同情，而应该先鼓励孩子自己去克服。
3. 不把课本变成学生的世界，而是要把世界变成学生的教材，孩子们要在这本"教材"里获得感受爱的能力和付诸爱的行动。
4. 理想中的教育流程应该是基于读懂儿童，进而尊重儿童的个性施行合适的教育，最终助力儿童健康发展。在此基础上，作为家长更要重视儿童的习惯与品行，这是在为儿童的未来发展赋能。
5. 家长一定要相信学校教育，配合学校教育，而不是与学校教育背道而驰。只有家校合力，才能为孩子创造最佳的学习成长环境。

不"放养",孩子会爱上劳动吗?
让孩子在感受自然中亲近自然

访谈嘉宾: 杭州市富阳区富春第七小学教育集团党总支书记、校长、正高级教师 章振乐

> "孩子学习负担这么重,哪有时间劳动?""在家里,劳动被简化为家务活,孩子干两次就没了兴趣。""城市钢筋水泥林立,想找块泥巴地都不容易。"……在劳动过程中,往往家长"进一小步",孩子就"退一大步"。只有家长放手让孩子进行创造性的劳动,让他们体验"劳动—产出"的乐趣和成就感,才能让他们真正喜欢上劳动。
>
> 因而在家庭劳动,特别是家务劳动中,我们的家长也要注意学会"放养",就是放心大胆地让孩子去劳动,尤其是做些扫地、擦桌子、整理房间一类的家务活。家长只需要在旁陪伴鼓励或者适当地给予指导,例如,在孩子下厨烧菜时指导他怎么使用刀具、注意用火安全等。
>
> "放养"的另外一层含义,是要将劳动视作寻常生活中的寻常事,让孩子养成"眼里有活、手里有事、心中有责"的劳动意识。家长不要把劳动作为惩罚孩子的手段,也不要将劳动与金钱挂钩,有时候对孩子说声"谢谢"或者和孩子轮流干活,更能带给孩子成就感,也更能使孩子形成劳动的行动自觉。

童年应该是什么样子的?在我心中,童年就应该是热情的、可爱的、五彩缤纷的,是对这个世界充满着爱。我觉得童心应该盈满童年的每一个角落,让童年是幸福的、快乐的,是充满期待的。然而这一代孩子的童年,看似物质丰裕、精

神富有，但其实好玩、能玩的机会并不多。一是时间上不允许，他们的时间精力被各种学习大量挤占；二是条件上不允许，城市钢筋水泥林立，想找块泥巴地都不容易。但孩子们又对80后、90后玩过的童年游戏非常感兴趣，常常会好奇那些年的游戏是怎么样的？好玩吗？这让我回想到自己小时候常常去爬树、抓鱼、掏鸟窝等，每每玩得不亦乐乎，几十年后仍然记忆犹新。

受此启发，早在2009年的时候，我就在全校范围内提出了"12岁前应该完成的30件事情"，其中就包括了玩泥巴、种菜、放风筝、野外夜行等许多70后乃至60后小时候的游戏。令我没想到的是，这"30件事情"一经提出，就"俘获"了一众家长和孩子的心。后来，我们把这"30件事情"转化为"新劳动教育"中的"亲子合作"课程，邀请家长带着孩子一同到农场里锄草、施肥、收获。之所以如此大费周章地把这些好玩的事以课程形式固定下来，是因为我发现，现在的孩子对生活不太有信心，对自然不太有爱好。**我希望我们的孩子看见野菊花也能够怦然心动，能在稻花香里听取蛙声一片**。就像我们富春七小一首小诗里写的那样："春光里，种菜、踏青、赏油菜。夏日里，朵朵葵花向阳开，俊才沙场展风采。秋风起，硕果累累共分享，笛声悠悠庆丰收。大约在冬季，拔萝卜，挖番薯，养兔子，读写绘。我们有一座乐园，面朝春江，春暖花开。"这就是"生命共同体"所倡导的人与自然的和谐。

美国作家理查德·洛夫曾提出"自然缺失症"的概念。现在的孩子离自然越来越远了，**他们身上会出现抑郁症、焦虑症、多动症等问题，这都跟离自然越来越远有一定关系。**"自然缺失症"就是这样一种看不到摸不着的症状，可能是跟我们与自然接触得太少有关。所以我们提出"让孩子亲近自然、跟自然在一起"的理念，就是希望他们能从小感受到大地、自然对我们的恩赐，感受到这种自然的美，感受到人与自然必须和谐相处。"现在不光是孩子，很多人都五谷不分，不了解时令蔬菜和瓜果，我希望培养孩子的生活志趣，将知识与实践相结合，不希望老祖宗留下来的经验将来只能在书本上看到。"所以在富春七小，孩子们可以看到小青虫变成菜粉蝶，看到蚕宝宝破茧成蛾……通过劳动教育，我们从小就开始培养孩子亲近自然的意识，让孩子成为一个有"根"的人，就是让孩子"接地气"，立足本土文化，热爱传统经典，能理解喜爱本地的民风民俗。

每到立夏，富阳当地的老百姓就会吃乌米饭、吃蚕豆、吃健脚笋，孩子们知其然不知其所以然，十分好奇为什么要吃这些。我们的老师就会趁机对孩子们进行相关的教育，这样不仅让孩子们学习二十四节气的知识，更是将新劳动教育和乡土民俗教育紧密地结合了起来。在我看来，中华优秀传统文化都来源于劳动、来源于农耕，比如二十四节气，又比如造纸、制笔、制伞等各类非物质文化遗产。把传统文化的旧习俗和劳动教育的新风尚结合在一起，这种新与旧的交织拓宽了劳动教育，也增加了劳动的趣味性和艺术性。

家长教育孩子也是一个道理。很多时候家长都会觉得口头的说教很苍白无力，比如，我们跟孩子讲要珍惜粮食、要保持安全距离等，但孩子心里没有这样的概念，他就很难"走心"。我们就可以通过搭建各种平台、通过各种实际劳动，让这些苍白的内容具象成一个个故事、一块块稻田，让孩子们产生实感。譬如我们的孩子知道"每一粒种子都是有生命的"，这不是一句煽情的"鸡汤"，而是学校里的麦田告诉孩子们的。种子种下后，要经过100多天的生长才能成熟，这个过程中可能会有虫害，可能会有小鸟来啄食，于是孩子们知道了麦子的成熟不是水到渠成的，而是需要100多天的勤奋耕耘、精心养护、及时收割才能实现的。基于这样的认识再来谈勤俭节约、珍惜粮食，孩子们就能有更切实的体悟。这是自然教会孩子们的道理。

说给家长听的真心话：

锦囊 38：理解人与自然的和谐相处

1. 儿童对这个世界应该是充满好奇的，对生活也充满着丰富的热情。让儿童像儿童一样生活，儿童就应该有儿童的特性。
2. 人活着就要劳动，孩子们只有从小尊重劳动，体会劳动的喜悦，今后才会以积极的态度对待人生的发展，才能一步步具有创新实践能力。
3. 我们要找各种机会让孩子亲近自然，让劳动教育渗透在每天的学习与生活中，成为常态，这样的劳动教育才会更有力量、更接地气。
4. 家长要放心大胆地让孩子去劳动，少一点舍不得，多一点支持鼓励。
5. 很多道理，大自然会教给孩子，我们要努力让孩子亲近自然，跟自然在一起。

教育理想说

包办代替是爱还是害？

家长越"能干"，孩子可能越"无能"

访谈嘉宾： 杭州绿城教育集团总校长、浙江省特级教师 黄建明

> 有一次，一位家长找到我，说他家孩子在学校食堂吃饭时，发现菜里有一只菜青虫。当时孩子就向食堂工作人员反映了这一情况，工作人员答复可以向上级领导汇报后把伙食费退给他。可是一连几天过去，该退的伙食费始终没有着落。
>
> 听完该家长的讲述，我稍加思索后对他讲："我给你两个解决办法：第一，我现在就去关注这个事，让食堂尽快查实并把伙食费退给你孩子；第二，你可以教会你的孩子，怎么样自己去把这笔伙食费要回来。"最终，家长听懂了我的潜台词，选择让孩子自己去尝试解决问题。
>
> 现在的家长，忙着当"决策者""救火队""调解员"，把孩子"护得太好了"。他们人为地为孩子创造了"风吹不着、雨打不着"的安全环境，美其名曰"让孩子心无旁骛地成长"。殊不知，这种遇事挡在孩子前面、包办代替的行为，不是在为孩子的成长扫平障碍，而是削减了孩子的风险防范意识和依靠自己解决障碍的能力。

中国式家长，大多逃不过一个"都是为你好"的逻辑魔咒。 为了让孩子生活得更安全、更健康，家长们常常主动扛起生活中的苦累难，选择扮演那个冲锋陷阵、负重前行的角色。然而，随着孩子的长大，家长们越来越发现，之前的"谋划"似乎并不一定能按照自己预想的方向走。对于父母的"爱"，

孩子们习以为常，甚至一味索取，过度的包办和保护让他们丧失了据理力争的勇气和能力。

孩子在学校里遇到问题时，我都会鼓励他们自己想办法解决，**因为很多知识只有在处理问题、解决问题的过程中，才能真正转化为孩子的能力。**孩子在学校里学习，不只是学习知识、应付考试这么简单。从幼儿园到大学，校园其实就是个小社会，随着校园规模越来越大，孩子们在校园里接触的人也越来越多，遇到的事情、处理的矛盾也越来越复杂，他们应该学会和各种喜欢或不喜欢的人相处，也应该学会处理自己遇到的各种矛盾和事情。这是每个孩子在校园小社会里应有的生存逻辑与状态，也是未来走向真实大社会所要掌握的待人处世基本功。

就像开头提到的追讨伙食费这件事，其实是发生在校园里一件非常小的事情。事情虽小但"考验不小"，孩子要有维权的知识与勇气，要有清晰表达自身诉求的能力，未来比这件事严重很多的事，在社会上都是很常见的。作为家长，遇到这样的事情千万不要大包大揽替孩子出头，而是要引导孩子分析这件事可能的情况及应对策略。譬如沟通无果，食堂工作人员告诉孩子"我已经跟上级领导反映过了，但领导还没有答复"，家长就可以指导孩子"向上求助"，去找食堂工作人员的上级领导，或者找学校总务主任、找分管副校长,再不济最后还能找校长。"孩子一个人不敢去怎么办呢?"家长顾虑道。孩子一个人不敢去,可以找同学一起去壮胆,但最终解决问题还是要靠孩子自己。因为成功解决问题不仅能给孩子带来成就感,在处理、解决问题的过程中积累的经验,对孩子而言也是非常重要的学习内容。

当然,在孩子主动寻求帮助,并且提出了明确又具体的求助内容时,家长还是可以伸以援手的,但此时**家长要切记,只能做孩子解决问题的助手,不要去做主角**。如果孩子提出的求助要求不具体、不明确,家长宁可装糊涂也不要为孩子代劳,要让孩子拥有独立思考和表达的机会。因为真正对成长有促进、有营养的,是行动中不断思考和解决问题的过程,而不是最终的结果,家长不要把有营养的部分"吃掉",把没有营养的"骨头"扔给孩子,这样的孩子永远"长不大"。

要让孩子自己去体验,家长可以指导但不要包办代替,尽可能地让孩子学习自己去判断和处理事情。我个人很主张节假日让孩子去接触社会、去接触同伴,而不是把他们关在家里,抑或送去各种培训班。要让孩子掌握能力、积累经验,最好的学习方法就是采取互动式、体验式的学习。所以,面对一些孩子之间、孩子和老师之间,甚至孩子和学校之间的问题和矛盾时,家长要舍得把舞台让出来,做好给孩子鼓掌喝彩的观众,而代替孩子处理这些问题。家长要耐得住性子,学会让孩子自己去慢慢尝试，逐渐从不懂到懂、从不会到会，不断积累经验、不断提高自己的判断和处事能力，而不要急于去干预、去包办代替，为了求得一时的好效果、好成绩，让孩子失去了长大的机会，最后家长越来越"能干"，孩子越来越"无能"。

不少家长把分数、结果看得很重，事实上，没有正式踏入社会前的任何阶段、任何事情都只是排练。**关键不在于孩子在成长过程遇到的问题，而在于遇到问题后自己是怎么解决的**。孩子独立思考、判断、克服困难解决问题的过程，才是真正成长的过程。现在我们有的家长本末倒置，把孩子的事都抢着做了，孩子怎么会长大？**有些人把上学看成是人生的起跑线，把考上什么大学当成终点线，我觉得这样的时代应该过去了**。要知道，真正的起跑是从离开学校踏上社会才开始的，之前的所有活动都只是准备运动。在学校里面遇到各种问题和矛盾一点也不奇怪，相反，遇到的问题和矛盾越多，孩子在这个过程当中经历得越多，他的经验越丰富，以后走上社会就越能干。

教育理想说

说给家长听的真心话：

锦囊 39：增加孩子独立解决问题的经验积累

1. 最失败的家庭教育，就是能干的父母，养出一个"无能"的娃！
2. 不要代替孩子去经历生活中的磨难和挫折，有些风雨，只有自己经历过，才能懂得彩虹的珍贵，才能扛住下一场更大的风雨。
3. 父母要学会舍得、学会放手，你们不可能护孩子一辈子。
4. 父母替孩子扫平一切障碍的同时，也挤掉了孩子的成长空间。
5. 不要打着"爱"的名义做"害"的事情，剥夺孩子的独立、勇气、责任、真诚等美好的品质。

如何度过闲暇时光？
自律从家庭作息时间表做起

访谈嘉宾： 广东碧桂园实验学校总校长 陈钱林

> 学校里都有作息时间表，什么时间段该干什么事，孩子们心里都很清楚。可一回到家里，东摸摸西蹭蹭的毛病就出来了，原本半小时能完成的事，可能磨蹭一个小时还没做好。关键孩子心里也不着急，因为下一个半小时，他依然不知道自己该干点什么。特别是近几年，居家学习成为常态，怎么保证孩子在家时的学习效率，成为困扰家长的难题。
>
> 我的家庭教育有一个比较成功的经验，那就是从小让孩子制订作息时间表。孩子天性贪玩，没有作息时间表的约束，很容易管不住自己，做事拖拉、缺乏计划。后来这个经验也被我应用到学校里，要求孩子们规划好居家学习时的作息时间，并安排好自己的闲暇时光。

这几年有个词很火——"时间管理"，一方面它被无数事实证明确实很有用；另一方面它被更多事实证明确实很难做到。我们都希望孩子能够"做时间的主人"，但这又谈何容易？实际上，现在家庭教育里最缺的就是对孩子时间管理习惯与能力的培养。怎么让孩子学会时间管理呢？可以从一张家庭作息时间表开始。

一份科学的作息时间表，不应满满当当都是学习和工作，而应该张弛有度，学习、锻炼、劳动、休闲等缺一不可。我始终认为，制订作息表并严格执行，和好好休息同样重要。为什么有的孩子学习效率很高，而有的孩子则拖拖拉拉？从家庭教育的角度来看，这里蕴藏着如何引导孩子学会时间管理的学问。时间管理好了，就能做到劳逸结合，既有利于身心健康，又有利于提高学习效率。

"当我们没有做计划表时，可能会觉得任务很多很紧，乱糟糟的一团，对学习也没有一个明确的目的性。而当做出计划表后，我们就可以清晰得出我们努力的方向，知道哪些事情还没有做，哪些事情已经做过了，应当先做哪些任务。"孩子们是制订家庭作息时间表的直接受益者，实践告诉他们，作息时间表能让他们的时间得到更合理的安排，从而让学习变得事半功倍。

我家两个孩子还没上幼儿园时，我就和他们口头约定过作息时间表。上学认字后，我又开始引导他们制订书面的作息时间表。虽然当时的作息时间表内容很简单，例如几点钟睡觉、几点钟起床、几点钟看书、几点钟体育锻炼、几点钟休息做游戏等，但这些内容都是孩子自己决定的，我不做干涉，只在必要的时候提供参谋和指导。一旦作息时间表确定以后，我们家长就要和孩子一起确保它能不打折扣地执行。所以在我家，**该学习的时候在玩游戏是犯错误，该玩游戏的时候在学习同样也是犯错误，我们要让孩子树立起"什么时间段该干什么"**

的规矩意识。当然，在执行过程中发现确实有难度、不好执行的地方，后续也可以更改调整，改到孩子自己满意为止。

这份家庭作息时间表不是随意制订的，其中有3点原则需要家长注意：

首先，**这份家庭作息时间表必须得是孩子自己制订的**。它不该是"学霸时间表"的复刻，也不该是家长们随意从网上下载的"模板"，而是要让孩子结合自己的学习情况和各项需求量身定制。"要做时间的主人，首先得让孩子有做主的权利。"这么做也有两个好处，一是能让孩子对自己每天的时间安排有更清晰的规划；二是能让孩子更主动自愿地去落实执行，家长管理起来也有据可依。

其次，**这份家庭作息时间表要囊括"五育"内容，不能沦为变相的"学习时刻表"**。劳逸结合的重要性就不用我赘述了，但我们有些家长就喜欢看孩子坐在书桌前看书、学习、做题，最好一整天都不挪窝，其实这样的学习，效率是很低的。我们是要让孩子会学、会玩，而不是要把家里变成第二个学校。

最后，**有了家庭作息时间表后要严格执行**。除了在执行过程中发现有不合适、的确需要修改的地方外，其他内容不仅孩子要严格遵守，家长也要做好监督，不能纵容。

遵照家庭作息时间表执行一段时间后，孩子慢慢地就会养成良好的作息习惯。我们做好家庭教育，并不是为了简单地管住孩子，而是重在培育孩子的独立人格。有些家长喜欢时时、事事管着孩子，这是"人治"，看起来好像也能管住孩子，但靠大人讲一句孩子做一点，孩子容易形成被动的性格。而靠制度、规则来管理孩子，这是家庭教育版本的"法治"，家长管着规则，规则管着孩子，孩子知晓规则，也容易主动遵守，并养成自律的好习惯。

通过制订、执行家庭作息时间表，孩子慢慢地具备了时间管理能力，不仅能合理地规划节假日的完整时间，对于日常学习之余的空闲时间，也能做出更合理妥善的安排。譬如，每个孩子的学习程度不同，在没有推行分层、分类作业的时候，老师布置作业是按班级大多数孩子的平均水平来估量时间与内容的，总有一部分孩子能提前完成作业。那做完作业之后的时间该干什么呢？这就很考验孩子的自学能力，抑或说自己给自己布置作业、安排活动的能力。

中科大少年班学院原院长陈卿教授曾与我谈到，决定孩子能否成大才的两个重要因素，一是时间管理能力，二是计划能力。我非常赞同他的观点。我想，引导孩子制订并实施作息时间表，能培养时间管理能力，而制订时间表的过程，本身也能培养计划能力。如此看来，作息时间表的重要性和必要性，不容忽视。

说给家长听的真心话：

锦囊40：作息表能有效提高时间管理能力

1. 作息时间表是帮助孩子安排自己学习生活，保持自律、养成好习惯的"法宝"，它能时刻监督孩子、提醒孩子，让孩子保持一种目标感。
2. 把时间的管理和支配权限还给孩子，家长只要在宏观上进行把握就好。
3. 孩子尝到作息时间表带来的"甜头"后，能够自然地从他律变成自律。
4. 制订作息时间表不仅可以规范孩子们的时间安排，还可以加强他们的时间管理能力和自律意识。
5. 家庭教育的重头戏之一，就是让孩子成为时间管理大师，做自己时间的主人。

教育理想说

孩子在成长，家长进步了吗？
家长不能只管生，不想养，更不想育

访谈嘉宾： 杭州崇文教育集团党委书记、总校长，浙江省特级教师 俞国娣

> 有个孩子从幼儿园开始就学习毛笔书法，他的妈妈不仅大力支持，后来还跟他一起，每天早起练字一个小时。某一天，练了一段时间的妈妈觉得自己的字已经写得挺漂亮了，就想请学了三四年书法的儿子点评一下："小黄老师，你看妈妈的字写得怎么样？是不是很有进步？"
>
> "小黄老师"认真审视一番后，给出对妈妈的评价："你的字横竖笔画确实进步很大，但是你的字没有精气神的。"
>
> 听到这样的评价，这位妈妈虽然颇受打击，但同时她又觉得非常高兴："这说明孩子对书法是有自己独到的见解的。"
>
> 现在，这位妈妈仍然坚持每天和儿子一起练字，并请儿子点评。
>
> 你们看，母子俩一人占据桌子一角练字的场景，是不是一幅非常美好的"我与孩子共成长"的图景？

"'双减'后，我们如何做家长？"说到这个话题，其实我收到过很多家长的反馈：学科类校外培训刚被取消的时候，不少家长茫然了。之前周末和晚上，把孩子送到培训机构里学习，剩下的时间都是家长自己的。"更关键的是，孩子的这部分时段，不需要由我来安排。"家长们坦言，现在孩子在家里的时间多了，自己真不知道该怎么办、该做些什么。

习惯了"花钱买责任"，这回钱"没地儿花了"，身为

家长的责任"飘在了空中"。我们发现，生活中真的有一部分家长只管生、不管养，更不谈育。在家靠老人、在校靠老师、在外靠机构，孩子的所有时间都被条分缕析地规划好，可就是不见家长的身影。这无疑是一种推卸责任的行为，对于孩子，他们"不想管""不会管""管不了"。

没有培训班，孩子应该去哪里？当然是在家里和爸爸妈妈在一起啊，又或者是到大自然中去奔跑，到博物馆里去寻宝，到大树底下挖蚯蚓、捉蜗牛、看蚂蚁搬家……这才是孩子童年该做的事。**如果大人把孩子的一个个闲暇时段都填满，那么他们的独立空间在哪里？自由在哪里？自我成长的动力又该去哪里发挥呢？**

我也问过那位和儿子一起练字的妈妈，为什么她一个搞金融的要去学书法？她说自己是被儿子感动了，觉得练字也是在"炼心"，她希望通过练字让自己收心，体会亲子共做一件事的快乐。我想，这大概就是让父母跟孩子共同丰满人生、丰盈自己的意义。而那些假借焦虑之名行推卸转嫁之实的行为，暴露了一个非常难堪的事实，那就是这部分父母不想负责任，不想跟孩子共同成长。

孩子的成长是不可逆的，父母不会再有重来一次陪伴孩子成长的机会，因此我都会鼓励我们崇文的家长，要陪孩子走过每一个成长的关键期。"我们的孩子要去上小学，读初中，

教育理想说

我们也在转换角色，会变成小学生家长、中学生家长，所以我们也要和孩子一起共同成长。"从3岁入园到6岁进入小学，从9岁升入中年级段到12岁面临小升初，从15岁面临中考到18岁参加高考，几乎每3年就是一个关键期。**每一个关键期孩子都要面临不同的成长挑战、学习任务，父母所扮演的角色、提供的帮助也都是不一样的。**

譬如孩子进入小学阶段，除了面对全新的环境，他们还要适应与幼儿园时期完全不同的学习状态，面对学业评价、学科成绩、作业评价，孩子可能会初尝学业带来的挫败感，甚至觉得是不是自己比其他人笨。这时父母就要鼓励孩子，"你只是还没有找到学习的方法和路子。"引导孩子从学习的环境中找到成就感和进步空间。而到了小升初阶段，父母也要暖心宽慰孩子，对于升学不要有太多担忧，有得总会有失。

所以我非常鼓励父母和孩子一起创造家庭学习场，那就是孩子在学习，爸爸在学习，妈妈也在学习。大家都从容而充实地做着自己该做的事，学着自己想学的内容，各学各的。而不是说父母成为孩子的"陪读"，他做作业父母陪他一起做作业，他解难题父母帮他一起解难题，这样的父母会变成孩子扔不掉的"拐棍"。**一直拄着"拐棍"的孩子，是没有办法独立行走的，也没有办法跑得很快、走得很远。**

除此之外，父母可以从好奇心、阅读、习惯3个方面和孩子共同成长。好奇心作为生命的原动力，驱动人类不断探索未知世界，拥有好奇心的人往往更聪明、更富有创造性，也更容易成功。父母在对孩子的教育中，要更多地关注知识产生的过程，注重培养知识探求的能力，而不仅仅是给出一个最终结果、一个标准答案。

在父母和孩子一起阅读这件事上，首先要给予孩子相对独立的阅读环境，帮助孩子在阅读过程中消化各种情绪，使他们得到体谅、理解与帮助，也要注重交流阅读感受；其次，内容一定要合适，但不要由父母单方面做决定；最后，平时也要多安排和阅读相关的活动，将逛书店、参加读书会等加入家庭活动的选项，让阅读真正成为家庭生活的一部分。

好的习惯可以让孩子自如从容地生活，培养良好的习惯更是家长和孩子共同成长的重要一环。在成长关键期内形成的烙印是不可逆的，因此小学一、二年级是学习习惯培养的关键期。三、四年级是纪律分化的关键期。初一、高二是逻辑思维发展的关键期。小学阶段是记忆力发展的黄金时段，初中阶段是意义记忆的关键期。帮助孩子养成规则意识、专注倾听的能力、自我控制的能力、阅读的习惯、运动的习惯、探究的习惯等，是父母能够送给孩子的最好的礼物。

在教育孩子成长成才的过程中，作为父母的我们，也在不断地站上一个又一个新的成长起点，跟孩子一起共同成长。

教育
理想说

说给家长听的真心话：

锦囊 41：家长要和孩子共同成长

1. 人生是个大课堂，世界是个大读本。走出校门，孩子每时每刻都可以向社会学习、向自然学习、向他人学习。

2. 最好的学习方式就是调动孩子的学习积极性，让他们学会自学独处，学会伙伴学习，学会和父母一起共建家庭学习场。

3. 父母对孩子的教育要适量，既不能"过少、过弱、没有"，也不能"过多、过强、过长"，要注重培养孩子自主调控行为、抑制冲动、抵御诱惑的能力。

4. 榜样的力量是强大的，家长是孩子不可选择的第一任老师，家长想让孩子成为什么样的人，首先自己就要成为那样的人。

5. 父母和孩子一起成长，这是人生最美好的样子，是家庭最和谐的样子，也是我们民族最有希望的样子。

孩子小就可以不管吗？
要尊重孩子的天性，但不止于天性

访谈嘉宾： 杭州绿城教育集团总校长、浙江省特级教师 黄建明

> 2023年春节假期，"6岁男孩上女卫生间"的事被"吵"上热搜。这件事，前有男孩进错卫生间不对，后有其母辱骂女乘客无理，一时间在网上引起轩然大波。一句理所当然的"谁说这么点孩子不可以进女卫生间"，令围观网友直呼"下头"。
>
> 因为"孩子小"，就将父亲带娃的责任、母亲监护的不周、性别教育的缺失、公共场合的素养等撇开不论，矛头直指无辜女乘客，这位家长给孩子做了一次极其错误的示范。

"孩子小"从来不是父母不管不教的借口，孩子越是小越考验父母育儿的智慧。同样是带孩子进商场，为什么有的孩子就地撒泼打滚也要满足自己的购买欲望，而有的孩子却能抵御诱惑？同样是在乘坐高铁，为什么有的孩子全程调皮捣蛋，而有的孩子就能一路乖巧听话？恐怕问题的根源不在于孩子本身，而在于家长对待孩子"熊"的态度与对策。

不要再拿"孩子还小，不懂事"作借口了，毕竟，孩子虽小，家长可不小了呢！

"我们没能力管，所以把孩子送到学校来，希望老师能

够多管管他。"一年级班主任常常被家长委以"管教"的重任。家长们一边说着"孩子还小，还不懂事"，一边对孩子规则意识不强、纪律意识淡薄、行为习惯不佳的问题熟视无睹，总觉得孩子到了学校里，很多道理自然就会懂的。

教育孩子其实是一个把自然人逐渐培养成为社会人的过程，就是要让孩子尽早学会并遵守各种与人相处的规则。每个人，他首先是自然人，是一个生物属性的人，他出生以后要吃要喝、要哭要闹，这叫自然属性。但想成为一个能适应和改造社会的人，他们还需要形成社会共同的价值观以及符合社会要求的社会行为习惯、个人生活习惯，具有自理和自护能力，具有主动承担家庭责任、社会责任的意识和能力，掌握各种待人接物的文明礼仪以及和他人合作的团队意识，等等。这就是我们说的具有社会属性的人，也可以叫"社会人"。所以我们教育孩子的过程就是把一个自然人培养为社会人的过程，这个过程从孩子很小的时候就开始了。

俗话说"三岁看到老"，很多规矩都是从小时候开始养成的。每个人生来都是一张白纸，他们会吵会闹、爱哭爱笑、活泼好动……这些都是孩子的天性。**我们要尊重孩子的这些天性，但是教育不能只停留在尊重天性上**。譬如孩子在课堂上吵闹喧哗、走来走去、不守纪律等，老师不能以"孩子还小"为借口就放任不管，这背后其实是因为早期教育，特别是家庭教育没有做到位。所以家庭教育的首要任务应该是培养人，培养一个自然属性和社会属性程度都很高的全面发展的人。

不少家庭家规、家训缺乏，孩子生活、做事毫无规矩，说话待人没有礼貌等。不少家长不仅不认为这些是问题，还常以不影响学业和升学为由，一味妥协和迁就，这就偏离了培养"人"的基本职能。不少孩子到了小学，看上去还完全是一个"自然人"，没有规则意识，也没有基本礼仪，对任何人、任何事都没有敬畏感，想干什么就干什么，一时很难融入班级集体，仅凭老师也很难教育，影响学业不说，智力发展水平也会在一定程度上受到影响。

在家长眼中"还小"的孩子，其实已经初步具备了理解能力、接受能力，家长可以根据孩子的日常表现判断其对知识的接受程度，然后在生活中逐步地教会他什么可以做、什么不能做，言传的同时也要做好身教。例如，在一个安静的场合里，小孩子不可以随便插话、大声喧哗，那么家长自己也同样要做到。其实，从衣食住行到举手投足再到待人接物，都是有一整套完整的规则体系的，一点一滴地让孩子接受培养，这就是我们教育的基本价值所在。

家长不要认为孩子小，我们就可以不管他。恰恰是孩子还小，还不太懂事，才更需要我们教育他，帮助他养成良好的行为习惯和规矩意识，让他处在任何场合，举止都能大方得体，成为一个有教养的孩子。当我们的孩子还没有学会遵守某一种场合的规则时，说明他对这样的场合还不适应，家长不应该带他去。譬如，当孩子还不能遵守公共场所秩序时，我们就不应该带他去高铁、机场、商场等公共场所；当孩子还不具备基本的做客礼仪时，我们也不该带孩子到别人家去。毕竟，孩子年龄小没有错，规矩没养好也没有错，但是家长把这样的孩子带到不适宜的场合就错了。

当然，生活中有很多"不得不"的情况，当家长不得不带着孩子一起去做某些事时，就要提前把规则、制度告诉孩子，跟孩子讨论能不能做到这些规则和制度的要求，并与孩子约定"如果做不到，那我们今天可能还不能去；如果能做到，那我今天就可以带你去"。事后，如果孩子的确做到了，家长也别忘了要及时给予孩子肯定和鼓励，用这样的办法一点点教会孩子学习社会规则的重要性，鼓励他做一个懂规矩、有教养、受欢迎的好孩子。

说给家长听的真心话：

锦囊 42：将孩子从"自然人"培育为"社会人"

1. 家庭教育最大的功能应该首先是培养"人"，而不应该成为学校之外的另一个应试场所。
2. 教育的过程就是人的社会化过程，教育的核心目标就是要把一个"具有自然属性的人"培养成为一个"具有社会属性的人"。
3. 家长不要一看到孩子不懂事，就一味地推说"孩子还小"，而忽略了自己在家庭教育方面的不足。
4. 如果在孩子小时候没有将这些基本观念和行为规矩确立起来，等到了初中、高中就来不及了。
5. 每个孩子成绩可能有高有低，知识面、学历也有高有低，学校也有可能有好有差，但是基本的社会规则、个人修养，只要认真去做，每个人都可以做到。

教育理想说

"发呆的孩子"怎么不见了？
你的闲暇时光里有孩子努力的方向

访谈嘉宾： 杭州市崇文教育集团党委书记、总校长、浙江省特级教师 俞国娣

> 如果牛顿没有在树下发呆，那苹果也砸不到他的头上，万有引力可能一时半会儿也发现不了；如果瓦特没有坐在炉子前发呆，他也看不到壶盖被冲了起来，蒸汽机估计也要晚好多年才会出现……
>
> 但如今我们走进校园，看到的大都是"认真的身影"：认真地坐在课桌上阅读的孩子，认真地进行着体育锻炼的孩子，认真地打扫着教室卫生的孩子……我们知道，这些行为背后，是学校的要求、老师的叮嘱和家长的期盼。
>
> "发呆的孩子"不见了！在繁重的课业负担面前，"发呆"变成一种奢望，那些曾经好玩的游戏和运动，也被冠以"素质拓展"的名义，变成了需要孩子们认真对待的活动类课程。心无旁骛地玩、随心所欲地发呆、想干什么就干什么的自由，似乎都在离孩子们远去。

杭州市崇文实验学校一直推崇要让孩子们有发呆、闲暇、留白的时间。2022年暑假时，崇文给全校学生布置了一道暑假作业：每天要有两个半小时阅读，要有两个半小时运动，要持续去做一项家务劳动。我们想要培养孩子的时间管理能力，所以采取了板块式的时间规划，让孩子们一块一块地自己去安排内容。一日计划表中剩下的空白点，允许孩子想干什么就干什么、爱干什么就干什么，坐在那儿发呆也行，这

样才能表现出孩子的差异和个性来。我们倡导让孩子有傻傻地玩、傻傻发呆的时间，而不是把他们的所有时间都填满。

如果说孩子是父母的一面镜子，那么父母就是孩子的一块路牌，从孩子很小的时候开始，他们就有意无意地模仿着父母的言行举止。自从"双减"后，孩子们多了很多闲暇时光，不少家长担心孩子用这些时间来玩游戏，特别是网络游戏、电子游戏。其实在担心孩子之前，我也想请家长朋友们问一下自己，你们在闲暇时间里一般都会干什么？

作为孩子，尤其是低年龄段孩子的榜样，**父母如何规划闲暇时光在很大程度上影响着孩子的时间观念和时间管理能力**。所以，如果你希望孩子在闲暇时间读书，那你也要用闲暇时间读书；如果你希望孩子坚持运动，那你也要能坚持运动；如果你希望孩子学会收纳与整理，那你也要把家里整理得井井有条。所以，我还想问一下家长朋友们，你们的闲暇时间是怎么规划的？你们会把自己的规划拿给孩子看吗？你们会尝试跟孩子一起来做规划吗？

很多家长会说"我也不会规划啊"！其实关于做规划，我们有一个关键词——"聊天"。首先，我们可以跟孩子聊聊他最想干什么、空出来的时间可以做什么、什么事情是有意义的、哪些事情我们可以参与等。这个环节其实是在统一认识，引导孩子构建自己的愿望，形成和家长共同的价值取向。

然后，我们可以跟孩子聊聊具体该怎样把闲暇时间填充起来，引导孩子打开思路，可以让孩子独立思考，也可以去试着了解其他小朋友都在干什么，当他有了念想和盼头，就能和家长一起聊出一些小规划、小目标、小计划。最后，我们可以在聊的过程中慢慢帮孩子理清思路，再让孩子把规划写下来。

我很主张孩子们用笔来思考。当他写下想法，便等于又把自己的思路理了一遍。 对于孩子写下的规划，家长不要吝啬表扬，或是去苛求错别字、格式文法、结构等文字层面的事。我们更要关注规划的内容，看孩子规划得好不好、是否具备完成的条件、有没有自我约束等。

在和孩子一起讨论、制定规划的过程中，有以下3类事情可以供我们的家长朋友参考：

第一类是做了好久规划、也发生过一两次的特别难忘的事情。譬如孩子们喜欢的露营，一般家庭不会经常组织，也不是任何时候都适合露营，所以需要提前做好露营规划。首先要让孩子产生"我太想去露营了"的强烈愿望；然后要做规划，保持孩子的兴奋度和期待值；最后，也是最重要的，就是付诸实施，这个过程充满乐趣，也到处都是知识点，光是选帐篷、搭帐篷就可以让孩子提前研究很长时间。这样令人难忘的事情不只有露营，还可以是去某一个地方旅游，可以是尝试一次扎木筏漂流等，越是实施难度大、操作复杂，便越是显得成行一次的珍贵。

第二类是可持续的、可反复的、经常出现的，甚至可能是定时出现的事情，这样的事情同样很有意义。譬如全家人一起爬山、游园等。我们崇文的学生经常去登南高峰、北高峰、老和山、小和山等。因为每一座山拥有的不仅仅是开阔的视野，它还有学识、涵养，有独特的传说和人文积淀，有山的地方一定会留下一些文化的遗迹，可以带孩子去读一读、看一看，我们把这称为"走读山峰"。

当然这样的事情还有很多，比如设定一个"家庭日"，全家人一起吃饭，增强家庭归属感。在"家庭日"的饭桌上，可以听爷爷奶奶讲过去的故事，听爸爸妈妈讲创业的故事，听孩子讲对未来家庭的畅想，这就是家风、家规、家史的传承；又比如在固定的时间逛博物馆，父母可以带着孩子每周选一个馆走走看看学学，走着走着你就会发现孩子的兴趣爱好，能判断他是更喜欢动手实践还是文史故事。所以我认为，走进博物馆也是走进孩子的内心世界，让孩子看清自己喜欢什么，让父母读懂孩子喜欢什么；再比如确定一个"读书时光"，家长可以和孩子一起在设定好的时间里读书，听着雨打芭蕉可以读书，艳阳高照时可以在树荫下读书，狂风暴雨下也可以躲在屋子里安静地读书，这也是一幅人生美好的画卷……

第三类是无法提前规划、可遇而不可求的事情，这样的事情是非常难得的。譬如某个地方要演出一台长达 8 小时的戏剧，虽然爸爸和孩子本来约好要去爬山，但突然听说有这样的观看演出的机会并且拿到了赠票，感到机会难得，他们还是决定要前往剧场，去看一看这个戏。这或许会成为这孩子一生最难忘的剧。"双减"后没有了培训班的牵绊，我们有了更多说走就走的机会和可能，希望家长能把有滋有味的双休日还给孩子，让有期待、有收获的双休日，为孩子的童年打上精彩绚烂的人生底色。

  我始终觉得，跟孩子一起规划闲暇时间，关键在于规划本身。我们要让孩子学会做规划，可以做一个月的闲暇规划，也可以做一个学期的闲暇规划，这样才能够培养出一个有趣的灵魂，孩子不仅有想法、有行动，最后还对自己有评价、有反思，这就是最有意义的闲暇时光。

说给家长听的真心话：

锦囊 43：引导孩子合理规划闲暇时间

1. 不要再宣传所谓的"学霸时间表"了，家长看到也不要照搬给自家孩子，因为每个人都是不一样的，每个孩子要有适合自己的时间表。

2. 要让孩子有发呆的闲暇时间，在留白的时间里才能表现出差异与个性。

3. 一天的时间就像一块七巧板，无论这样拼，还是那样拼，都可以拼成很美好的一天。我们要让孩子学会用块状的时间来填补、充实自己的人生。

4. 家长要把有滋有味的双休日还给孩子，要利用双休日多做一些能为孩子留下童年记忆的、铺上人生底色的、可以回忆的难忘的事。

5. 如果家庭条件允许，还可以在双休日带孩子进行职业体验，让他知道各种职业都是做什么的，这样可以让他看到职业的意义与价值，也可能帮他找到未来一生的追求。

教育理想说

劳动只是动手制作、弯腰干活吗？
劳动是一种综合的育人

访谈嘉宾： 杭州市富阳区富春第七小学教育集团党总支书记、校长、正高级教师 章振乐

> 你知道简单的"种花养蚕"，孩子们要学多久吗？在杭州市富阳区富春第七小学，需要7个课时。因为他们学习的并不仅仅是"怎么种""怎么养"这样浅显的体力劳动问题，更是智慧的劳动、动脑的劳动、思维的劳动。
>
> 以养蚕为例，富春七小会带着孩子们钻研"什么样的桑叶适合蚕宝宝吃？""桑叶除了食用外还有什么其他价值？""哪些因素会影响蚕宝宝生长？""破茧拉丝时用什么工具最合理？"等一系列探究性问题。平时孩子们不仅要养好蚕宝宝、观察蚕宝宝，还要写一写蚕宝宝、画一画蚕宝宝，更要算一算蚕茧拉的丝有多长……
>
> 一只蚕宝宝就是一个学习项目，一堂劳动课就是一个学习综合体。新时代的劳动教育早已不是动手制作、弯腰干活这么简单，还要把德智体美劳的"五育"内涵全部囊括其中，更要成为综合育人的载体和抓手。

2021年下半年，富春七小举行了"晒秋"活动，孩子参与种植的各种劳动成果、各类美食等都得以在校园里展示。让我印象很深刻的，是当时的五年级孩子种的12个大冬瓜，每个冬瓜都有100多斤。老师们给该年级的每个孩子都分了

一片冬瓜，让他们带回家去做菜。那天晚上，我们通过班级群、朋友圈看到了很多孩子开心地切冬瓜、烧冬瓜、吃冬瓜的照片和视频，还有不少家庭是全家一起品尝这道冬瓜的，一上桌全家人都抢着吃。孩子们脸上那种喜悦和成就感，仿佛隔着屏幕都能溢出来。这是最简单的劳动的快乐。

我们当下倡导"新劳动教育"，其内涵和外延其实早已突破了传统劳动教育的范畴，既有新时代的特点，又有跨学科的属性，它是一个教育的共同体，一个学习的共同体，一个师生成长的共同体，一个家校合作的学习共同体。我们以劳辅德、以劳增智、以劳强体、以劳育美、以劳养心，这样劳动教育就与德智体美结合在一起，也让孩子们接了地气。而在此之前，很多家长坦陈自己在家庭教育和辅导学习方面能力有限，不能很好地配合学校共同教育孩子，家校合作也不知从何做起。其实，劳动就是最好的契机，家庭要发挥在劳动教育中的基础作用。

换言之，**家长不仅要支持孩子参加各类劳动，还要亲身参与孩子的劳动，创造更多劳动机会让孩子去实践、去体验。**还是以前面提到的养蚕为例，破茧拉丝是整个养殖蚕宝宝过程中最繁杂的劳动，想要成功，光靠孩子一己之力是非常吃力的。我们的孩子也很会想办法，一开始，孩子们主要还是靠自己手工拉丝；后来，越来越多孩子喊上爸爸妈妈做帮手、打配合；再后来，有的孩子想到了利用放风筝时的线盘，拉丝效率大为提升；更有甚者，还借来了爸爸的电动剃须刀，他们在爸爸妈妈的帮助下，取下电动剃须刀的刀片，并替换插上圆珠笔芯，两分钟就能拉出1500米长的丝，彻底解放了双手……这是多好的探究性教育啊！孩子们不仅在拉丝过程中感受到了"春蚕到死丝方尽"的精神与真谛，还表现出极强的创造力，而且和父母共同拉出那么长的蚕丝，也让他们非常有成就感。

劳动给孩子们带来的变化也是巨大的，一来开发了大脑；二来开启了心智，对于身体发育、意志力培养、知识传授、性格养成等都起到了很大的补充作用。因为看到了孩子身上发生的喜人变化，所以我们的家长对于学校劳动教育的支持力度和配合度越来越高。这里跟大家分享一个养兔子的故事：

以前我们有个班级在教室里养了两只小兔子，孩子们非常喜欢，一下课就会去抱兔子、逗兔子、喂兔子、观察兔子。大概是从小养起的缘故，两只小兔子也不怕人，反而很亲近孩子们。突然有一天，其中一只兔子找不到了。得知这个情况，有位家长很热心，马上表示："我家里有只兔子，能不能送过去，给学校里的兔子作个伴？"原来为了配合学校的劳动教育，家长不仅在家也给孩子养了小兔子，得知学校有需要，还二话不说就能"割爱"。

这件事还有个后续。到学校第3天，这只新来的兔子就咬了人。虽然属于校园安全事故，但我马上意识到，这也是一次绝佳的进行德育教育的机会。我们在全校发起"兔子为什么会咬人"的大讨论，通过大量观察、查找资料和请教老师，孩子们知道了"就像人与人之间有安全距离一样，动物和人之间也是有安全距离的，熟悉了才可以亲亲抱抱，不熟悉时小兔子会以为生命遭到了威胁"。紧接着，各班还就此开展了适时的安全教育、生命教育、公共空间文明礼仪管理等。这些都是劳动教育引发的意外收获。

我也听说过其他不少学校开展劳动教育时，家长是最大的阻力，因为他们觉得劳动浪费了学习文化知识的时间，甚至将每日劳动简化成"打卡式"劳动乃至"代为劳动"。我相信，这主要是因为家长们没有看到真正有效的新劳动教育结出的硕果，它始于劳动，但不止于劳动，让孩子去劳动不仅不会影响学习，而且还有利于孩子的学习。要知道，从小养成做家务的良好习惯也是在培养孩子的责任感，这样的孩子往往愿意承担更多的责任，有着更好的集体意识，也更能吃苦耐劳。而这些品德素养才是未来孩子安身立命之根本。

著名教育家苏霍姆林斯基曾说过："儿童的智慧在他的手指头上。"由此可见，劳动和学习对孩子的身心健康发展同等重要。它主要体现在以下3个方面：一是劳动能促进孩子手脑结合；二是劳动能提高孩子的思维能力；三是劳动能促进大脑的发展。在我们富春七小，孩子们在劳动实践的过程中，已经能够自觉调动多学科知识来优化劳动，譬如有的孩子借鉴日本科学家的研究经验，跑到田里给向日葵吹笛子，用音乐帮助植物更好地成长；有的孩子收获了自己种的萝卜，晚上睡觉都还抱在被窝里；还有的孩子拿着牛奶自己不喝，给农场里的植物喝，让它们快快长大……这些都是常规课堂里学不到的宝贵体验。

说给家长听的真心话：

锦囊 44：劳动教育与知识学习相辅相成

1. "只要孩子成绩好，就可以不劳动"的教育方式早就过时了，劳动和学习对孩子的身心健康发展同等重要。
2. 劳动教育是以提升学生劳动素养的方式促进学生全面发展的教育活动，它的核心内涵是培养学生形成正确的劳动价值观和良好劳动品质。
3. 实践育人、劳动育人，是将知识转化为智慧的最好的、最直接的方法。
4. 现在有的小孩子肥胖、戴眼镜，甚至患上抑郁、焦虑等心理疾病，其实跟远离大自然有一定关系。我们要让孩子多接地气，多跟自然接触，让他们从小感受到自然的美与恩赐，学会亲近自然。
5. 通过丰富多样的劳动课程和劳动实践，可以提高孩子们创造美好生活的能力。

后　记

　　《浙江教育报》创办于 1985 年,是浙江省教育厅的直属机关党报。一直以来,《浙江教育报》致力于打造一家既有权威性又有亲和力、"见事、见人、见思想、见情感"的主流教育专业媒体,真正成为"教育宣传引导的喉舌、教师交流展示的平台、学生学习求知的课堂、社会了解教育的窗口"。

　　专业纸媒的属性也让《浙江教育报》自创办之日起就面临着受众面窄、传播力受限的困境,多年来,报社积累了省内顶尖教育专家资源,也培养了一支优质专业内容生产的团队,但是,囿于仅在教育系统内部传播的平台,专家资源和内容生产都无法实现效益的最大化。

　　专业纸媒该如何突围?突破从何处发力?报社同仁们一直在尝试和探索。我们把拓展的目光投向了广大的家长市场。2013 年 1 月,报纸新开设一个专门面向家长群体的专版《家校时空》,每周周五出版,我是当时的版面编辑。在首期的版面刊首,我在致读者的一封信中写道:我们的孩子,我们共同来教育。只有在科学引导家长积极参与学校教育的前提下,只有在学校与家庭亲密合作、共同促进的环境中,只有当家庭教育与学校教育相生相长的时候,我们的学校教育才有可能摆脱"5+2=0"的困境,我们所有的教育活动也不再是学校一厢情愿的"瞎折腾"。

我们精心策划、重点打造了"名师说家教""家校故事汇""案例分享""班主任在线""漫说教育""家教观察"等专栏,约请浙江省内外名师名校长和一线班主任、家庭教育领域的专家撰写系列文章,以讲故事说案例的形式,传播科学的家庭教育理念。

2016年,家校时空版停刊。一则《浙江教育报》的读者群框定在教育系统内部,无法有效到达更广泛的社会家长群体;二则纸媒力量有限,传播效果不尽如人意。虽然只有短暂的四年试水,但"家校时空"仍在当时的浙江教育圈形成了一定的影响力。更为可贵的是,因为版面编辑的缘由,我有幸与众多在家庭教育领域颇有建树的名师名校长结下了亦师亦友的缘分。通过教育专业媒体的平台,向广大家长科普家庭教育观念的念想也从此在我心中扎了根。

机遇终于到来。随着新媒体的迅速发展,短视频平台风生水起。《浙江教育报》时任主编杨志刚先生审时度势,紧跟时代对融媒体发展的要求,2021年正式上线浙江教育报视频号平台,寻求纸质媒体与新媒体深度融合的新路径。时年8月,由我牵头,集合报社最优采编团队,全新策划了视频号"教育理想说"栏目,以每期聚焦一个热门话题、每周推送二至三期嘉宾访谈短视频的形式,面向全社会传播科学教育理念。

在"汇聚多方智慧,让我们一起学做好家长"的宗旨下,搭建起家长与家庭教育专家、校长等之间的桥梁。

当年我曾经约请撰文的名师名校长和家教专家,如今大多成为此后"教育理想说"的嘉宾。两年来,我们聚焦社会热点话题:"双减"政策下的教育之变、校外培训监管带来的家长焦虑、未成年人游戏设限、中小学生心理健康、家庭教育立法、0-6岁学前儿童养育、各个教育阶段的科学衔接、和谐亲子关系等,邀请了杭州市崇文教育集团总校长俞国娣、广东碧桂园实验学校总校长陈钱林、杭州师范大学儿童青少年心理健康研究所所长骆宏、杭州市上城区教育局局长项海刚、杭州市西湖区教育局局长汪培新、浙江师范大学幼教集团总园长胡瑛、金华师范学校附属小学校长俞正强、杭州市学军小学教育集团总校长张军林、杭州市富阳区富春第七小学教育集团校长章振乐、海亮教育集团总校长叶翠微、杭州绿城教育集团总校长黄建明、杭州市人民政府机关幼儿园集团总督学冯伟群、杭州云谷幼儿园园长蔡伟玲、义乌市实验小学教育集团总校长杨凯明、杭州崇文理想国幼儿园园长周向鹏、原杭州市教育局副局长蒋莉、正高级教师王芳、衢州市柯城区教育局副局长余鹏等专家校长进行了现场采访和录制。由衷感谢上述所有嘉宾,感谢你们为教育理想说栏目付出的智慧和心血。

栏目至今推出六十期，阅读量已经突破上亿人次。出现了《高考数学难，传递出什么信号》《减负的根本是什么》《陪伴孩子共成长》等阅读量达"50万+""100万+"的爆款视频。栏目推出以来，点赞+转发量和粉丝量持续增长，《浙江教育报》的受众群体也因此成功突围，走出了教育圈层，拓展到社会各个层面。"教育理想说"的内容也得到了浙江省教育厅相关部门的高度认可和重视，每期短视频入驻浙江省数学家长学校、之江汇数字教育广场，作为浙江教育报刊总社原创的数字家长精品课程，面向全省所有家长同步推送。

在我们的合作伙伴智库——浙江教育理想研究院的大力支持下，我们将短视频的访谈内容进行了整理和拓展写作，并集结成册。在此，也特别感谢团队的小伙伴们——浙江教育报记者舒玲玲、邵焕荣和童抒雯，你们的妙笔生花，点亮了嘉宾的思想，让科学的家教理念能够走出教育圈的自娱自乐，影响和辐射到更广泛的家长群体。

今后，教育理想说还将继续前行，访谈的嘉宾也将拓展到社会的各个层面，有专家、学者，也有睿智的家长，甚至可能是一名普通的中学生，他们将通过我们的镜头讲述他们眼中美妙的亲子关系，也为更多家长带去治愈和指引。

张莺写于 2023 年 4 月杭州